國家圖書館出版品預行編目資料

臺灣基隆地區古典詩歌研究（下）／吳淑娟 著 -- 初版 -- 新
北市：花木蘭文化事業有限公司，2020〔民 109〕
目 6+162 面；19×26 公分
（臺灣歷史與文化研究輯刊十八編；第 13 冊）
ISBN 978-986-518-193-2（精裝）

1. 臺灣文學 2. 臺灣詩 3. 文學評論

733.08   109010607

ISBN-978-986-518-193-2

9 789865 181932

臺灣歷史與文化研究輯刊
十八編　第十三冊　　　　ISBN：978-986-518-193-2

臺灣基隆地區古典詩歌研究（下）

作　　者　吳淑娟
總 編 輯　杜潔祥
副總編輯　楊嘉樂
編　　輯　許郁翎、張雅淋　美術編輯　陳逸婷
出　　版　花木蘭文化事業有限公司
發 行 人　高小娟
聯絡地址　235　新北市中和區中安街七二號十三樓
　　　　　電話：02-2923-1455／傳真：02-2923-1452
網　　址　http://www.huamulan.tw　信箱 hml810518@gmail.com
印　　刷　普羅文化出版廣告事業
初　　版　2020 年 9 月
全書字數　209546 字
定　　價　十八編 16 冊（精裝）台幣 40,000 元

臺灣歷史與文化

十八編

第 **13** 冊

臺灣基隆地區古典詩歌研究(下)

吳 淑 娟 著

花木蘭文化事業有限公司

臺灣基隆地區古典詩歌研究（下）

吳淑娟　著

第五章　日據時期基隆地區古典詩歌（下）

　　日據時期，基隆古典詩發展十分蓬勃興盛，昭和年間基隆至少曾經成立過十二個以上的詩社，詩社的活動與詩人間的往來可說十分頻繁，留下了為數不少的擊鉢詩。到了日據末期，二次大戰結束前，由於戰火的波及，詩社的社務運作多半停止運作，由於大戰期間基隆市區曾遭到空襲，許多的文獻資料因此付之一炬。

　　在詩人著作部分，基隆詩人的作品未曾付梓的佔了大多數。如許梓桑在《東臺吟草》的跋中所提到李燦煌著作刊行的情形：「尚有扶桑破浪吟草及其平居所作詩文若干卷，各體俱備，尚未梓行。……以後所有撰述未曾自行登報，以見於報者，非共同擊鉢，即與人唱和由他方錄寄，或其門弟子代為發表一部而已。〔註1〕」李燦煌為當時基隆詩壇的重要人物，除了曾擔任小鳴吟社教席，也另立保粹書房教導漢文，但是除了記遊之作的《東臺吟草》外，尚有許多著作都未曾刊行，到了後期，甚至未自行將作品登報，刊登於報紙的作品幾乎以擊鉢詩作為主。上述語話，雖是紀錄了李燦煌作品刊行的狀況，恐怕也間接反映了當時基隆詩壇著作刊行的整體情形。

　　書房的教席及詩社詩人多為高級知識份子，日據末期，大戰情勢緊張，日人密切注意臺人的舉動，並將詩人列為密切觀察名單。在基隆地區，受波及而下獄的詩人，不在少數，冤死獄中者亦時有所聞，例如，著名的詩人黃景岳，即遭日人以政治犯逮捕，冤死獄中，時人莫敢營救。在張添進的《破浪吟草》中記述著當時日人動輒以政治犯逮捕詩人，張添進為求自保，亦在

〔註1〕李燦煌：《東臺吟草》，（國立中央圖書館台灣分館收藏，基隆保粹書房，昭和十四年印行），頁20。

深夜，焚毀其收藏的詩稿、書籍。而李燦煌刊行的作品，除了記遊的《東臺吟草》外，多數都為刊登在報章的擊鉢詩作，上述詩人的舉動恐怕多少反映了當時的政治局勢不利於作品的刊行。

除了政治因素外，基隆市區因受到空襲，市區文獻保存不易，陳讚珍在《敝帚室集》的詩作則記錄當時日軍轟炸基隆的情形。政治情勢及戰爭波及大概是當時基隆地區作品刊行及保存不易的重要因素。現今除《詩報》所載基隆詩人之作品外，其他詩人的著作，未刊行或是已散佚佔了大多數。

現今基隆詩人的著作，仍可檢閱的有顏雲年在廣邀全臺詩人所編成的《環鏡樓唱和集》〔註2〕、《陋園吟集》〔註3〕；保粹書房的教席李燦煌旅遊東臺灣所作的《東臺吟草》〔註4〕；張添進的《破浪吟草》〔註5〕；陳讚珍商場經歷及感事之作《敝帚室集》〔註6〕。

有刊行但無法檢閱的有陶芸樓《芸樓詩稿》，有存目但未刊行或已亡佚的部分，有許梓桑的《慶餘堂詩稿》、張鶴年的《藹蘆吟草》、林永汶的《淇園吟草》、陳庭瑞的《拙拙草廬詩文稿》。至於，詩人個人的著作，連存目也沒有的亦不在少數。

本章主要就日據時期基隆詩人及重要作品，以現今所存的《環鏡樓唱和集》、《陋園吟集》、《破浪吟草》、《壯棄齋吟稿》、《東臺吟草》、《敝帚室集》為主要探討對象。由於詩歌向來有各種分類的方法，有以詩歌體式的不同而分、以題材不同而分、依流派不同而分，由於詩歌分類並非本論文的論題，基隆地區的詩歌作品也常兼具兩種或兩種以上的特色，在這種情形下筆者主要依作品形式或詩歌內容重點做判斷的標準，論其詩歌內涵，以觀基隆詩的發展的主要共同特色。

〔註2〕顏雲年：《環鏡樓唱和集》影本，（臺北臺灣日日新報社，大正九年六月，廖師一瑾收藏）。

〔註3〕顏雲年：《陋園吟集》，（臺北臺灣日日新報社，大正十三年，國立中央圖書館台灣分館微縮資料）。

〔註4〕李燦煌：《東臺吟草》，（基隆保粹書房，昭和十四年印行，國立中央圖書館台灣分館收藏）。

〔註5〕張添進：重刊《破浪吟草》，（基隆市立文化中心，民國九十年十月）。

〔註6〕陳讚珍：《敝帚室集》，（基隆陳泉泰行，民國五十五年一月）。

第一節　礦業鉅子顏雲年與《陋園吟集》、《環鏡樓唱和集》

一、顏雲年（1874～1923）生平傳略

　　顏雲年，號吟龍，生於清光緒元年，基隆鰈魚坑人，顏尋芳次子。顏雲年少負奇氣，好讀書，聰穎異常童，曾多次應試，不第。光緒二十一年，臺灣淪日，全臺民眾，均感悲憤，乃議臺灣自主，推巡撫唐景崧為總統，丘逢甲副之，與日本展開對抗，而後唐景崧及丘逢甲相繼離臺，時各地豪起，據地為雄，顏雲年糾集族眾，結鄉團謀自保，時各地風聲鶴唳，人民流徙，而鰈魚坑獨能自完，雲年之力為多。

　　顏雲年與日人建立初步關係，乃因叔正春被控參與反日被補，當時日憲兵隊長愛雲年孝義及其才幹，將雲年之叔正春釋放，顏雲年也開始幫日人佐務。《基隆市志》：「及日人自澳底登陸，基隆隨陷，日人分憲兵隊屯瑞芳，鎮壓反抗。雲年叔正春為人控參與獨立事，被補，雲年時二十二，趨屯所陳情，詞甚痛切，日憲兵隊長愛雲年孝義，且喜其才辯，乃釋正春，留雲年佐理屯務。雲年勤於職守，多所建白，盡力為地方謀利益，官民賴之。〔註7〕」上述話語可以看出顏氏為保護基隆地區的民眾，仍免不了與日人展開合作關係，也因為顏氏參與基隆的建設，使得日據之初時的基隆民眾較少產生與日人激烈的流血衝突。

　　顏雲年從事礦業致富，於瑞芳採金，全盛時期工人近萬，產量為全國第一。雲年除致力於採金外，尤留心煤礦，委其弟國年搜尋煤礦，得大小五十九區，時歐戰方酣，煤價暴漲，獲利益饒。大正七年（民國七年）顏雲年煤礦有五十九區並與三井會社共同出資計日金、臺千萬元，創立基隆炭礦株式會社。於是雲年不僅為全臺首富，且躋於日本實業鉅子之列，也與當時日本財閥木材、芳井、賀田、藤田、三井諸家折衝往返。

　　雲年既富，頗能提倡公益慈善事業，捐日金五萬圓建基隆公學校校舍，及今之信義國民小學，又捐助博愛團北建貧民公共樓產費日金二十萬元。公餘則與各地文人倡立詩社，遇有詩會，雖遠在南部，亦必前往。根據唐羽《基隆顏家發展史》提到：「顏雲年在其一生之經營事業中，所從事與社會之互動，

〔註7〕基隆市政府：《基隆市志 人物志 列傳篇》，（基隆市立中化中心，民國九十年七月），頁28。

範圍雖廣，仍可略分為：一事業互動、二促進繁榮、三賑災救恤、四興教助學、五修建寺剎、六公共建設、七組織社團、八出任公職、九提倡詩教等九類。〔註8〕」至於「第九之提倡詩教，即為顏雲年一生中，非經濟活動之最大項目，藉以維持漢唐文化在異政之下，賡續發展，且對後世詩教之延續，有一定之地位與影響。〔註9〕」

顏家為當時臺灣基隆地區之首富，與日人政商關係良好，顏雲年及其弟顏國年都曾出任總督府評議員，並參予對臺施政。《基隆市志》中曾提到，早在光緒二十一年間，雲年曾糾集民眾，結鄉團謀自保。但等到日本治理臺灣大致底定後，顏家仍免不了與日人合作。顏氏對於這種情形在《環鏡樓唱和集》中做出了說明：「然當兵馬倥傯之餘，伏莽跳梁，民心未輯，輿情審悉，必藉地方之人當道，以余為能勤，且粗知文墨，得藉重譯，頗荷垂青軍門警署，恣余出入，舌端筆頭，直接、間接，一書一話，無非民胞物與之事，如是復有年，足跡所到，得以公私並行而不背，地方既靜，遂專務礦業。〔註10〕」上述話語也為顏氏的情志做出了最好的說明。

顏雲年於大正元年（民國元年）於基隆建華廈，名曰「環鏡樓」，落成之日，廣邀名士蒞止，舉行全臺詩人大會，後刊有《環鏡樓唱和集》。嗣得木村別邸，修改為陋園，重建樓閣，補植花木，羅列十景，日與詩人文士吟聚其間，並刊有《陋園吟集》。大正十年（民國十年），雲年任臺北州協議員，旋任總督府評議員，獲瑞賓章。大正十二年（民國十二年）卒。

二、《環鏡樓唱和集》的內容

（一）「環鏡樓」之得名與《環鏡樓唱和集》之編纂

瀛社社長洪以南在《環鏡樓唱和集》序提到：「壬子年秋，雲年新築一樓，名曰環鏡，以為嘯傲之地。既成，邀瀛社友共落之，酒酣賦詩，互相酬唱，全臺之士亦從而和之。〔註11〕」而顏雲年則自敘云：「歲壬子，擇地基津，所謂鯤身之首，獅球之下者，環山鏡海，結構茅茨，非求完合，聊蔽風雨已耳。

〔註8〕唐羽：《基隆顏家發展史》，（南投國史館臺灣文獻館，民國九十二年），頁343。

〔註9〕唐羽：《基隆顏家發展史》，（南投國史館臺灣文獻館，民國九十二年），頁343。

〔註10〕顏雲年：《環鏡樓唱和集》影本，（臺北臺灣日日新報社，大正九年六月，廖師一瑾收藏），頁13～頁14。

〔註11〕顏雲年：《環鏡樓唱和集》影本，（臺北臺灣日日新報社，大正九年六月，廖師一瑾收藏），頁6。壬子年是大正元年（民國元年，一九一二）。

閱兩歲而堂構粗就，因榜曰：『環鏡樓。』……落成之日，復蒙全島唫壇詞伯、詩豪聯翩，開擊鉢於其間，揚芬擷藻，又得名作二百七拾餘章。〔註12〕」從上述話語可見「環鏡樓」位置在獅球嶺下，因為環山鏡海，所以得名為「環鏡樓」。環鏡樓落成之日，顏雲年開落成吟宴，廣邀全臺詩人，當時除了瀛社社員，參與者多達百餘人，得詩二百七十多首。

　　《臺灣日日新報》也記載了此次的活動：「落成宴之吟會。顏雲年君，居基隆轄之鰈魚坑，因從事瑞芳金山礦務，徙居煉仔寮，歷有年所，近因經營新事業甚夥，數與都會人士往還。山居荒僻，有所未便，爰卜居基隆市，建築廣廈，於客年興工，近乃告竣，聞定此本月廿一日起，開落成宴，瀛社同人與君久結騷壇之雅，將聯袂趨堂致賀，君風雅之士，爰利用此好機宜，欲柬邀全島各詩社詞人，於廿三、廿四等日，畢集新宇，大開吟會……，聞久宦粵省，夏間歸梓之臺南許允伯先生，已欲應邀，遠來赴會。〔註13〕」顏雲年為瀛社社員，與瀛社社長洪以南、副社長謝雪漁引為摯交，環鏡樓落成時，瀛社社友均聯袂前往致賀，當時並柬邀桃社、竹社、櫟社、南社之社員參加吟宴，甚至特別聘請到進士許南英主站。

　　全臺詩人大會後，並集會時作品輯錄整理，結集成書。詩作部分主要可分為六部分：環鏡樓落成唱和詩、環鏡樓落成擊鉢詩、頌德碑詩、瑞芳金山雜詠、東遊雜遊、環鏡樓詩存。其中環鏡樓落成唱和詩、環鏡樓落成擊鉢詩主要內容為環鏡樓落成時唱和之作；頌德碑詩主要為大正六年秋，諸礦業家感顏雲年對社會國家貢獻諸多，乃為顏氏建碑以頌其德，頌德碑落成之際，時人誌賀之作；瑞芳金山雜詠則收錄了許多的記遊詩、感懷詩；東遊雜詠主要為賦別贈答之作。顏雲年因商務或旅遊、養病常須往返於日本，在客次扶桑之間，顏雲年與瀛社社員寫下諸多賦別之作或顏氏歸臺後，瀛社社友為其洗塵之作；環鏡樓詩存則收錄當時瀛社集會時，顏雲年擊鉢詩作及酬答詩。

　　《環鏡樓唱和集》除了收錄四百八十六首詩作外，更請到當時瀛社社長洪以南、櫟社社長傅錫祺、竹社社長王石鵬為其作序、天籟吟社社長林述三及名儒張純甫為其題詞，足見當時顏雲年與詩人名士的關係良好。除此之後，

〔註12〕顏雲年：《環鏡樓唱和集》影本，（臺北臺灣日日新報社，大正九年六月，廖師一瑾收藏），頁5。

〔註13〕《臺灣日日新報》，大正元年十一月十五日，第四千四百七十四號）。

詩人大會的舉行，《環鏡樓唱和集》的刊行都反映著當時基隆與台北的發展有著十分密切的關係，台北及基隆詩人相互往來頻繁，對整個基隆詩壇的發展影響可見一斑，另外，日據初期基隆詩人與日殖民政府維持著良好關係。《環鏡樓唱和集》收錄當時全臺詩人佳句名章，為全臺第一次詩人大會留下見證。在當時的環境中能將與會詩作編輯成冊並付梓出書，實屬不易，因此《環鏡樓唱和集》不但是基隆詩壇中的重要鉅著，也是臺灣詩壇上的重要瑰寶。

（二）《環鏡樓唱和集》的詩作題材

《環鏡樓唱和集》所收錄的詩作，以形式而言，主要可分為六部分：環鏡樓落成唱和詩、環鏡樓落成擊鉢詩、頌德碑詩、瑞芳金山雜詠、東遊雜遊、環鏡樓詩存。以下探討《環鏡樓唱和集》中詩作中所呈現的主要內容及特色。

1、環鏡樓落成唱和詩

文人相互酬唱的風氣，由來已久，主要是因應人情之需要而往來酬唱的各類詩作，具有切磋詩藝、交流情感的作用。環鏡樓落成唱和詩主要內容為環鏡樓落成時唱和之作，除顏雲年〈新居落成自題〉外，大部分為各詩社社友為祝賀顏雲年新居落成的詩作，由於顏氏與日人關係良好，因此其中亦有日人表達祝賀的詩作。

顏雲年在環鏡樓落成後自題，寫成了七言律詩〈新居落成自題〉一詩，詩中除了寫到費時兩年方築成「環鏡樓」的過程外，其中「百事未成祇自羞」更表露出其謙沖為懷的心志。「但教兒輩同安樂，名利無心與世謀。」則期勉子孫能不逐名利，並同享安樂。

〈新居落成自題〉

擇地營居歲兩周，千年家計費綢繆，一枝欲借聊求穩，百事未成祇自羞。

觀海人多傷鱟嶼，登樓我喜看獅毬，但教兒輩同安樂，名利無心與世謀。

〔註14〕

環鏡樓落成唱和詩，除了有顏雲年自題詩作外，主要收錄了詩友為顏氏新屋落成所寫的和韻詩作，以表達為顏氏祝賀之意。由於顏雲年交遊廣闊，其中亦不乏日人表達致賀之詩作，總計有七言律詩三十九首、七言絕句十六首、五言律詩一首、五言古詩一首，以下收錄七首詩友祝賀之作：

〔註14〕顏雲年：《環鏡樓唱和集》影本，（臺北臺灣日日新報社，大正九年六月，廖師一瑾收藏），頁17。

〈雲年社兄新居落成詩以賀之竝和瑤韻〉　洪以南

玉汝於成天意周，山川擁護喜相繆，三層弘景千秋壯，一座歐風萬戶羞。

皓月雞頭懸玉鏡（基隆山古稱雞籠山），斜陽獅背滾金球（指獅球嶺），

是非關外市中隱，我亦傾心借著謀。〔註15〕

洪以南，名文光，以南為其字，為瀛社首任社長。環鏡樓落成時，洪以南在《環鏡樓唱和集》序中曾表示，因翰墨因緣，與顏雲年已結交三十餘載。〈雲年社兄新居落成詩以賀之竝和瑤韻〉一詩中也洋溢著祝賀之意。「三層弘景千秋壯，一座歐風萬戶羞。」則清楚的描述出環鏡樓的建築是為三樓層的歐式建築風格，詩中「皓月雞頭懸玉鏡，斜陽獅背滾金球」將環鏡樓的地理位置及其名由來作出一明白的闡述。

〈同題〉　謝汝銓

兩載經營智慮周，凌雲樓閣見綢繆，談心遠近名流集，俯首高低眾屋羞。

雙嶼浮青沈鷺影，一山聳翠挹獅毬，衛荊居室苟完美，深羨能貽燕翼謀。

〔註16〕

謝汝銓，字雪漁，為瀛社第二任社長，曾任《臺灣日日新報》漢文部編輯，與顏雲年因文字結交，進而結為兒女親家。詩中除歌頌環鏡樓之美好，也將名人雅士匯集的盛況作出陳述。

〈同題〉　許梓桑

大廈經營繼有周，朱欄畫棟善綢繆，門朝獅嶺雲常聚，人在鳳樓花見羞。

玉鏡一輪輝兔魄，銀燈萬點滾星球，于公肆馬門何大，燕翼貽留孫子謀。

〔註17〕

許梓桑，字迺蘭，世居基隆市。日據時期，被日本政府委以重任，參與基隆的建設，曾任台北州協議會會員及基隆同風會會長。許梓桑與顏雲年同為台北瀛社社友。從顏雲年與許梓桑與日人的關係，可看出日據初期基隆詩人與日殖民政府關係大致十分良好。這首詩除了將環鏡樓美輪美奐的建築做出了陳述，對顏氏善於經營做出了描述，全詩充分表達了祝賀之意。

〔註15〕顏雲年：《環鏡樓唱和集》影本，（臺北臺灣日日新報社，大正九年六月，廖師一瑾收藏），頁18。

〔註16〕顏雲年：《環鏡樓唱和集》影本，（臺北臺灣日日新報社，大正九年六月，廖師一瑾收藏），頁18。

〔註17〕顏雲年：《環鏡樓唱和集》影本，（臺北臺灣日日新報社，大正九年六月，廖師一瑾收藏），頁18。

〈同題〉　李石鯨

樓閣玲瓏面面周，不須未與更綢繆，閭閻藉映應生色，蓬蓽相形覺有羞。

海鏡當空懸蜃市，山光照檻認獅毬，歡顏有客欣相庇，附驥終當遂遠謀。

〔註18〕

李燦惶，字碩卿、石鯨，博覽經史，尤以詩文獨樹一格。曾擔任《臺灣日日新報》漢文版主筆，凡十餘載，聲名遠播全台。應基隆顏雲年之敦聘，擔任基隆小鳴吟社之教席，並創設「保粹書房」。顏雲年與李燦煌可說是日據詩期基隆詩壇的重要推手，從這首詩也可以看出李氏與顏氏兩人交遊的情形。另外，以下茲錄數首環鏡樓落成時的祝賀詩：

〈題環鏡樓〉　陳其春

高樓卜居海濱成，四面環山得鏡名，星斗摘來丹桂落，波濤湧出玉芙明。

壯心有客時在，窮目諸賢日有情，我亦登臨同覓句，無邊光景望中呈。

〔註19〕

〈環鏡樓落成誌賀〉　永井甃石

一海三山風色富，知君德潤新居就，四圍形勢均得宜，齊唱南山松柏茂。

〔註20〕

〈同題〉魏清德

鶯嶼獅毬指顧開，面山卜築亦豪哉，聞君雅有元龍氣，把酒臨風睥睨來。

〔註21〕

〈戲贈環鏡樓主人〉　尾崎古邨

在魯處貧大賢人，在唐善書忠義臣，只今清世家且富，盛名屬君智且仁。

〔註22〕

〔註18〕顏雲年：《環鏡樓唱和集》影本，（臺北臺灣日日新報社，大正九年六月，廖師一瑾收藏），頁22。

〔註19〕顏雲年：《環鏡樓唱和集》影本，（臺北臺灣日日新報社，大正九年六月，廖師一瑾收藏），頁27。

〔註20〕顏雲年：《環鏡樓唱和集》影本，（臺北臺灣日日新報社，大正九年六月，廖師一瑾收藏），頁28。

〔註21〕顏雲年：《環鏡樓唱和集》影本，（臺北臺灣日日新報社，大正九年六月，廖師一瑾收藏），頁28。

〔註22〕顏雲年：《環鏡樓唱和集》影本，（臺北臺灣日日新報社，大正九年六月，廖師一瑾收藏），頁31。

從環鏡樓落成唱和詩可以一窺當時顏雲年與詩人間往來的情形，顏雲年不僅與當時瀛社洪以南、謝汝銓等人引為摯交，更是與諸多吟友相往來。值得一提的是顏氏與日人關係甚為良好，除了從祝賀詩不乏日人之作外，在環鏡樓舉行全臺詩人大會也與當時的日本總督府提倡漢詩有關。

2、環鏡樓落成擊鉢詩

顏雲年在大正元年的十一月廿三、廿四於環鏡樓舉行落成吟宴。瀛社社友均聯袂前往致賀，當時並廣邀桃社、竹社、櫟社、南社的吟友前往參加吟宴，甚至特別聘請到進士許南英及余亦皋主坫。當時全臺與會的有百餘人之多，這場詩文盛會不僅是基隆有史以來的韻事，更是臺灣詩壇的重要里程碑，為全臺詩人大會的濫觴。當時《臺灣日日新報》記載著：「其吟會在廿三日為正會，廿四日為續會。〔註 23〕」說明了這場詩人大會長達二天之久，當時更流傳著當時集會時，連夜鉢聲不斷的盛況。而環鏡樓落成擊鉢詩的部分共有三唱，第一唱的題目為〈李白登黃鶴樓〉、二唱為〈盆松〉、三唱為〈十姊妹花〉。

擊鉢吟的第一唱的詩題為〈李白登黃鶴樓〉，茲錄數首詩於下：

擊鉢吟　第一唱

〈李白登黃鶴樓〉拈東韻　左詞宗允白、右詞宗香秋 同選

　　　左元右錄　克明

百篇斗酒才無敵，黃鶴樓登一字空，別有興懷難下筆，豈真三舍避崔翁。

〔註 24〕

　　　右元左錄　純青

讀罷崔詩拜下風，憑欄眺望感無窮，江洲芳草漢陽樹，都入詩人眼界中。

〔註 25〕

　　　左眼右翰　槐庭

彩筆題詩到處同，登樓得句讓崔工，才人又有虛心日，不僅低頭為謝公。

〔註 26〕

〔註 23〕《臺灣日日新報》，第四千四百七十四號，大正元年十一月十五日。
〔註 24〕顏雲年：《環鏡樓唱和集》影本，（臺北臺灣日日新報社，大正九年六月，廖師一瑾收藏），頁 40。
〔註 25〕顏雲年：《環鏡樓唱和集》影本，（臺北臺灣日日新報社，大正九年六月，廖師一瑾收藏），頁 40。
〔註 26〕顏雲年：《環鏡樓唱和集》影本，（臺北臺灣日日新報社，大正九年六月，廖師一瑾收藏），頁 40。

　　　　右眼左錄　　惠如

樓頭黃鶴去匆聰，滿眼江山鐵笛風，不肯題詩居第二，莫言才盡酒詩翁。

〔註27〕

　　　　左花　　克明

已無人鶴此樓中，崔子興懷題句工，莫怪青蓮生百感，萬言倚馬竟空空。

〔註28〕

從上面的詩作，可以看到詩人所作之詩，詩意幾乎都脫胎自崔顥題黃鶴樓詩。崔顥的〈黃鶴樓〉：「昔人已乘黃鶴去，此地空餘黃鶴樓。黃鶴一去不復返，白雲千載空悠悠。晴川歷歷漢陽樹，芳草萋萋鸚鵡洲。日暮鄉關何處是，煙波江上使人愁。」相傳李白登黃鶴樓時，本要題詩，因看到崔顥這首詩，便不再題詩，還留下：「眼前有景道不得，崔顥題詩在上頭。」因此這些擊鉢的作品都援用了這個典故。

　　擊鉢吟的第二唱的詩題為〈盆松〉，茲錄數首詩於下：

　　擊鉢吟　第二唱

　　〈盆松〉限冬韻　左詞宗還浦、右詞宗痴仙

　　　　左元右翰　　凌霜

一盆案上困蒼龍，不戰冰霜氣自濃，天地歲寒餘尺土，空憐高託大夫蹤。

〔註29〕

　　　　右元　　珠光

得地無多只自容，微材敢望祖龍封，他年破塊移栽去，風雪寒山鶴夢濃。

〔註30〕

　　　　左眼右錄　　松軒

尚能不改歲寒冬，一掬幽姿似螫龍，今日托根已無地，頭銜浪說大夫封。

〔註31〕

〔註27〕顏雲年：《環鏡樓唱和集》影本，（臺北臺灣日日新報社，大正九年六月，廖師一瑾收藏），頁41。

〔註28〕顏雲年：《環鏡樓唱和集》影本，（臺北臺灣日日新報社，大正九年六月，廖師一瑾收藏），頁41。

〔註29〕顏雲年：《環鏡樓唱和集》影本，（臺北臺灣日日新報社，大正九年六月，廖師一瑾收藏），頁49。

〔註30〕顏雲年：《環鏡樓唱和集》影本，（臺北臺灣日日新報社，大正九年六月，廖師一瑾收藏），頁49。

〔註31〕顏雲年：《環鏡樓唱和集》影本，（臺北臺灣日日新報社，大正九年六月，廖師一瑾收藏），頁49。

　　　　　右眼左翰　　潤庵

材大由來世不容，瓦盆如蓋鬱孤松，英雄用武悲無地，一樣潛麟未化龍。

〔註32〕

松自古以來被稱為歲寒三友，後世常以「松柏後凋於歲寒，雞鳴不已於風雨。」來象徵比喻君子處亂世或逆境時，仍不改其節操。二唱詩題〈盆松〉，如「一盆案上困蒼龍」、「今日托根已無地」、「英雄用武悲無地」等句，詩人暗喻的意味十分濃厚，似乎將淪日後臺人的際遇作出了一番說明。

　　擊鉢吟的第三唱的詩題為〈十姊妹花〉，茲錄數首詩於下：

擊鉢吟　第三唱

〈十姊妹花〉限支韻　左詞宗趙雲石、右詞宗　陳槐庭

　　　　　左元槐庭

一毬春畫報開時，紅白成行鬥色奇，若遇丁娘來索句，對花好譜十香詞。

〔註33〕

　　　　　右元左錄　　痴仙

芳心應是惜睽離，不嫁東風共守雌，也似團圓花底月，十分未許一分虧。

〔註34〕

　　　　　左眼右翰　　石崖

羅欄花發熟梅時，淺白深紅豔女兒，好種十洲仙島去，百年長結合歡夜。

〔註35〕

　　　　　右眼左翰　　還浦

芳園笑許丁娘索，一樣春心號國知，繫得護花鈴九子，庭隅有美欲啼時。

〔註36〕

〔註32〕顏雲年：《環鏡樓唱和集》影本，（臺北臺灣日日新報社，大正九年六月，廖師一瑾收藏），頁50。

〔註33〕顏雲年：《環鏡樓唱和集》影本，（臺北臺灣日日新報社，大正九年六月，廖師一瑾收藏），頁58。

〔註34〕顏雲年：《環鏡樓唱和集》影本，（臺北臺灣日日新報社，大正九年六月，廖師一瑾收藏），頁58。

〔註35〕顏雲年：《環鏡樓唱和集》影本，（臺北臺灣日日新報社，大正九年六月，廖師一瑾收藏），頁58。

〔註36〕顏雲年：《環鏡樓唱和集》影本，（臺北臺灣日日新報社，大正九年六月，廖師一瑾收藏），頁58。

「十姊妹」是薔薇的一種。隋代妓女丁六娘有十索詩十首，後遂以為娼妓爭索纏頭之辭。這裡也可以看到詩人在詩中援用這個典故，例如左元槐庭的「若遇丁娘來索句」，末句「對花好譜十香詞」便將這個典故轉化得十分雅緻，也切合了題目，十姊妹花。

3、頌德碑詩

頌德碑主要為大正六年秋，諸礦業家感顏雲年對社會國家貢獻諸多，為顏氏建碑以頌其德。頌德碑詩的內容主要為頌德碑落成之際，時人誌賀之作。其中收錄了謝汝銓〈頌德碑文〉及李燦煌〈頌德碑誌〉及三十八首頌德詩，以下茲錄謝汝銓祝賀頌德碑落成之詩：

〈瑞芳金山諸氏為雲年兄立頌德碑重九日落成得陪末席喜賦〉 謝雪漁
雞峰一角樹崇碑，漫把生金擬賈遠，千古何人題舊時，萬家此日繡新絲。
山靈秘寶終無用，海客談瀛大有資，鷗鷺今為松柏附，分榮綺席醉瓊巵。
〔註37〕

謝汝銓除了為頌德碑題了詩，另外還做了〈頌德碑文〉，敘述諸礦業家由於感顏雲年雖為礦業鉅子，但卻不壟斷礦業，對國家社會貢獻不淺，因而在丁巳年（大正六年）為其立碑。另外，與顏氏同為瀛社社友的洪以南也為頌德碑其題了詩：

〈同題〉　洪以南
頌德豐碑勒妙辭，流芳世世姓名垂，佩萸霜落重陽節，除幕風飄旭日旗。
九份千尋來舊雨，八叉一例賦新詩，騷人也慰蒼生望，權放披沙勝賈遠。
〔註38〕

新竹的名士張純甫，也為頌德碑題了詩：

〈同題〉　張純甫
片石崔巍勢插雲，洪荒開闢紀殊勳，延年銘刻銅盤字，考獻辭徵石鼓文。
虎穴遠探終得子，騷壇酣戰更能軍，徵今九份炊煙集，爭把黃金鑄賈君。
〔註39〕

〔註37〕顏雲年：《環鏡樓唱和集》影本，（臺北臺灣日日新報社，大正九年六月，廖師一瑾收藏），頁67。
〔註38〕顏雲年：《環鏡樓唱和集》影本，（臺北臺灣日日新報社，大正九年六月，廖師一瑾收藏），頁67。
〔註39〕顏雲年：《環鏡樓唱和集》影本，（臺北臺灣日日新報社，大正九年六月，廖師一瑾收藏），頁68。

　　李燦煌在〈題顏雲年先生頌德碑〉的引中提到：「丁巳秋，諸礦業家謀為先生建碑頌德。〔註 40〕」說明建頌德碑的時間及主要原因。除了碑文外，李燦煌並賦詩以表祝賀之意：

〈雲年先生頌德碑落成有祝〉　　李石鯨

披荊斬棘闢金�，喜得鯤身小佛尼，雷雨空山興寶藏，滄桑孤島樹豐碑。

居然名利披沙獲，不羨神仙點石奇，生面別開金世界，偉勳終古繫人思。

〔註 41〕

　　除了諸礦業家及詩友賦詩祝賀外，顏雲年為回敬時人為其建頌德碑，作了二首詩回贈以表達謝意。二首詩的言語淺白，卻充分表達顏氏謙沖為懷的個性及對時人愛戴的謝意：

〈同人為予建碑頌德於瑞芳礦山詩以謝之〉　　顏雲年

為興寶藏苦奔馳，二十年間力半疲，自是鎔山非煮海，卻因地利與天時。

人殊泰伯偏稱德，功不無懷亦建碑，多謝諸君深愛我，一生事業相扶持。

〔註 42〕

　　第二首詩作中，顏氏除了自敘經營礦業上能使諸礦業家雨露均霑外，更希望兒孫能繼志述事，充分表達出企業家期勉子孫的心志：

豐碑高聳接雲屯，怕聽人言說感恩，折簡獎才向謝眺，買絲繡像愧平原。

均霑利益無分域，自信毀譽有定論，但願兒孫能繼志，休貽鎮石笑吾門。

〔註 43〕

4、瑞芳、金山雜詠

　　瑞芳金山雜詠收錄了許多的記遊詩、感懷詩。大部分是詩人於瑞芳、金山間旅遊，留下的記遊詩及感懷詩，這一類的詩作中記錄了當時瑞芳、金山一帶由於礦業開發改變了原本山水的面貌，除紀錄礦業開發使得當地繁榮外，充分表現出時人希望能「淘金」致富的心理：

〔註 40〕顏雲年：《環鏡樓唱和集》影本，（臺北臺灣日日新報社，大正九年六月，廖師一瑾收藏），頁 68。

〔註 41〕顏雲年：《環鏡樓唱和集》影本，（臺北臺灣日日新報社，大正九年六月，廖師一瑾收藏），頁 68。

〔註 42〕顏雲年：《環鏡樓唱和集》影本，（臺北臺灣日日新報社，大正九年六月，廖師一瑾收藏），頁 75。

〔註 43〕顏雲年：《環鏡樓唱和集》影本，（臺北臺灣日日新報社，大正九年六月，廖師一瑾收藏），頁 75。

〈戊午重九再登金山〉　雪漁

十載泥痕認舊遊，西風獵獵萬峰秋，海門一角帆檣穩，村市四圍燈火浮。

運石囊飛疑過雁，淘金輪響笑驅牛，酒酣帽落絲雙鬢，為問山靈識我不。

〔註44〕

謝汝銓的這首詩，描寫出十年之間金山的改變，金山當時已充滿了「運石囊飛疑過雁，淘金輪響笑驅牛」的景象，刻劃出人們對淘金的嚮往與傾心。在張純甫的筆下，同樣紀錄了瑞芳的淘金熱：

〈瑞芳雜詠〉十五錄二　張純甫

乾坤廿載重黃金，怪底人人枉尺尋，聞道山中多寶藏，不堪猶抱守株心。

〔註45〕

這首詩表現出當年的淘金熱。當時的瑞芳地區因為金礦（砂金、山金）煤礦的開採，人口曾多達八萬九仟多人，成為一經濟重鎮，這首詩紀錄了當時採金熱。時至今日，雖然礦業的發展已不再，但臺灣的金礦歷史卻留下了永遠的足跡。

平空驀地忽飛埃，幾陣轟轟起怒雷，一霎岩阿齊震動，驚人穴下炸彈開。

〔註46〕

這首詩則描寫了採礦的情形。為了開採金礦，遂於地面下、岩石下置入炸彈，詩中呈現出炸彈爆開之際，威力驚人之貌，將壯觀的情形，做出了忠實地描述。在眾多記遊詩及描述採礦的詩作中，有一首與風格比較不同的詩作。乃因顏雲年看到遊客常以金石贈妓，心生感慨而賦詩以戒後人之作：

〈遊客以瑞芳礦山金石贈妓詩以戒之〉　顏雲年

雙南價重等瓊瑤，漫向平康擲細腰，祇合鑄人為范蠡，休教治屋貯阿嬌。

一時富貴非難得，萬貫金錢總易消，留得百鈞臺上置，禮賢猶好學燕昭。

〔註47〕

〔註44〕顏雲年：《環鏡樓唱和集》影本，（臺北臺灣日日新報社，大正九年六月，廖師一瑾收藏），頁 75。

〔註45〕顏雲年：《環鏡樓唱和集》影本，（臺北臺灣日日新報社，大正九年六月，廖師一瑾收藏），頁 76。

〔註46〕顏雲年：《環鏡樓唱和集》影本，（臺北臺灣日日新報社，大正九年六月，廖師一瑾收藏），頁 78。

〔註47〕顏雲年：《環鏡樓唱和集》影本，（臺北臺灣日日新報社，大正九年六月，廖師一瑾收藏），頁 78。

詩中可以看到當時的遊客為了討風月女子之歡心，常常贈予她們貴重的金石。礦業鉅子顏雲年看這種情形，不免心生感慨，遂以「一時富貴非難得，萬貫金錢總易消」來告誡人們，不要輕易耗費金錢於風月女子的身上。最末兩句「留得百鈞臺上置，禮賢猶好學燕昭」則以戰國時燕昭王築黃金臺網羅賢士的故事來勉勵人們。詩中看出顏氏禮招賢納士、重視人才的心志情意。大正十年，顏雲年親自聘請名儒張純甫、李燦煌為教席，共組了小鳴吟社，正是顏氏禮遇名士的最好的說明。

5、東遊雜詠

東遊雜詠的內容主要為賦別贈答之作。顏雲年因商務或旅遊、養病常須往返於日本，在客次扶桑之間，顏雲年與瀛社社員寫下諸多賦別之作，除此之外，另外收錄了顏氏歸臺時，瀛社社友為其洗塵之作。以下兩首為顏氏離臺重遊日本時留下的詩作：

〈重遊扶桑賦別臺陽諸君子〉之一　顏雲年

遊蹤前度記分明，心憶蓬萊水淺清，鴻雪十年尋舊夢，鶯花三月悔遲行。

浪恬瀛海輕航渡，路入神京壯氣生，樽俎折衝今日事，儀秦漫欲講從橫。

之二

柳風初暖海無波，此去觀光並養病，人世滄桑今昔異，神洲風景近如何。

暫同鷗鷺尋芳躅，又聽親朋唱別歌，書劍扁舟煙水外，奚囊我亦費搜羅。

〔註48〕

〈重遊扶桑賦別臺陽諸君子〉一詩說明了顏雲年此次前往日本主要的原因為「養病」兼「觀光」；「鴻雪十年尋舊夢」則點出了時間，說明顏氏上次前往日本已距今十年了，不知今日的日本是否有所改變，詩中感到人世間的變化快速，而顏氏在親朋唱別歌的同時，卻展現出「書劍扁舟煙水外，奚囊我亦費搜羅」、「樽俎折衝今日事，儀秦漫欲講從橫」的氣度，充分顯示出其豪邁的心胸與豪放的性情。以下收錄一首瀛社社友的次韻詩：

〈送雲年社兄東遊即次留別瑤韻〉　林石崖

觀月不須嘆獨明，涉洋安用志澄清，道尊武士原忠勇，學重歐人更力行。

〔註48〕顏雲年：《環鏡樓唱和集》影本，（臺北臺灣日日新報社，大正九年六月，廖師一瑾收藏），頁87。

莫訝風潮排洛黨，卻看雨露濟蒼生，吟槎今日蓬萊路，遑計驚波萬里橫。
〔註49〕

除了瀛社社友的次韻詩外，顏雲年交遊廣闊，常有與日本諸友於席間往來酬贈之作，如在箱根時顏氏賦呈博士牧田先生之作：

〈戊午八月三十日工學博士牧田先生招飲於箱根別邸席上賦呈〉顏雲年

庭園到處盡清秋，綠野山莊記勝遊，君是平原能好客，我非王粲亦登樓。

錦囊詩料園中得，蓬島風光眼底收，把酒高歌真樂事，不知清福幾生修。
〔註50〕

在東遊雜詠中除了酬贈唱和詩外，另外，有記載顏雲年曾於日本東京置屋一事之詩。推其主要的原因是顏氏為了讓兒孫留學時有居處，因而在日本東京置寓：

〈在京重買吳秀三博士邸以充諸子留學〉 顏雲年

玲瓏樓閣勢凌虛，陋巷簞瓢澤起予，多謝郡山（樓名）樓主意，鵲巢肯讓作鳩居。

為課兒孫好讀書，黃金不惜買新廬，春風化雨擔簦急，勿使他年誤魯魚。〔註51〕

詩中將顏氏對兒孫的殷切期盼作了細膩的描述，顏氏不惜以重金買了吳秀三博士的邸舍，以勉兒孫勵志向學，將來兒孫才不致犯「魯魚亥豕」之誤。詩作中可以得知當時礦業大亨的顏雲年深知教育的重要，因此積極地栽培自己的後代兒孫。除了上述詩作中，值得注意的是顏氏在旅途中經過馬關而作的一首詠懷詩：

〈將入馬關舟作〉 顏雲年

天地秋光快壯遊，半肩行李入瀛洲，滿天風月供吟嘯，兩岸河山任去留。

王濬鐵船能險破，馬援銅柱待功收，春帆樓自臨江水，可有媾和一段愁。
〔註52〕

〔註49〕顏雲年：《環鏡樓唱和集》影本，（臺北臺灣日日新報社，大正九年六月，廖師一瑾收藏），頁87。
〔註50〕顏雲年：《環鏡樓唱和集》影本，（臺北臺灣日日新報社，大正九年六月，廖師一瑾收藏），頁87。
〔註51〕顏雲年：《環鏡樓唱和集》影本，（臺北臺灣日日新報社，大正九年六月，廖師一瑾收藏），頁90。
〔註52〕顏雲年：《環鏡樓唱和集》影本，（臺北臺灣日日新報社，大正九年六月，廖師一瑾收藏），頁93。

「馬關」，紀錄著甲午戰敗、割地議和的歷史。由於礦業大亨的身分使得顏氏能自由往返於臺、日之間，顏雲年在客次扶桑的旅途中經過了「馬關」一地。詩中引用了「王濬鐵船」、「馬援銅柱」兩個故事。「王濬鐵船」說明了三國時王濬為破吳國而苦心製造大船、訓練水軍，吳國卻異想天開，企圖鐵鎖橫江的方式來反制王濬，最後吳國遭到滅亡；「馬援銅柱」則敘述漢將軍馬援征交阯，馬援勝利後在交阯立銅柱表功的史實。甲午戰敗後，清廷與日本在「春帆樓」簽定馬關條約，末聯以「春帆樓自臨江水，可有媾和一段愁」，來回憶著割地議和的歷史，顏氏對於這段歷史興衰，僅能以「愁」字作結，說明了自身的情操。

6、環鏡樓詩存

環鏡樓詩存的主要內容收錄顏雲年自己的詩作，詩作內容有當時瀛社集會時所作擊鉢詩，如：〈人堆戰浪〉、〈櫻花〉、〈秋帆〉等等；也有酬答次韻詩、送別詩，如〈觀菊會即事呈雲石、西圃兩詞宗即次雲石詞宗瑤韻〉、〈送安江五溪先生漫遊南清次韻〉、〈敬次許允伯先生留別瑤韻〉、〈內田藩憲招飲鳥松閣即席賦謝〉等等，也有感懷詩，如：〈太古巢懷古〉、〈有感〉、〈懷沈斯庵先生〉等等，除此之外也有著若干親日色彩的詩作，如：〈奉祝即位大典〉、〈養老典〉等等。以下摘錄環鏡樓詩存中數首詩：

〈人堆戰浪〉

浪激海門石壁開，櫛風沐雨幻人堆，憑陵殺氣騰孤壘，吶喊軍聲震巨雷。

鐵陣有兵收桶嶼，夜供無火藉燈臺，不辭潮打仍酣戰，萬古誰分勝負來。

〔註53〕

這首〈人堆戰浪〉是瀛社集會時的詩題，人堆戰浪究竟是何意？根據《詩報》的記載，似乎是當時基隆八景之一〔註54〕。從詩中的描述可以看出所指的地點應該是現今基隆的海門天險，即二沙灣砲臺，由於此處是雞籠港的咽喉，地勢崎嶇險峻、居高臨下，是中法戰爭中、法兩軍攻守的主要地點。「憑陵殺氣騰孤壘，吶喊軍聲震巨雷」，描繪出當年的浴血戰爭、兩軍殺氣騰騰的戰況，彷彿戰爭仍歷歷在目。「萬古誰分勝負來」則對說明了勝與負不過猶如夢幻泡影，對戰爭一事作出了慨嘆。另外，顏氏亦有對沈光文追思之詩作：

〔註53〕顏雲年：《環鏡樓唱和集》影本，（臺北臺灣日日新報社，大正九年六月，廖師一瑾收藏），頁98。

〔註54〕基隆八景歷來有數種不同說法，「人堆戰浪」也曾經列於基隆八景之一。《臺灣日日新報》，昭和八年二月十五日，第五十三號，頁5。

〈懷沈斯庵先生〉

　　絕島飄零苦節操，未能完髮首頻搔，焚書卻幣辭知遇，變服為僧感所遭。

　　魯殿靈光尊碩望，福臺吟社振風騷，即今詩界推全盛，緬想遺徽仰止高。

〔註55〕

〈懷沈斯庵先生〉一詩中，追述著對沈光文的懷念。沈光文，號斯庵，其反清復明的意志堅定，作品多表現亡國之痛，又與當時的文人結「東吟社」，也是臺灣詩社的嚆矢。詩句中「變服為僧感所遭」說明了當時沈光文對鄭經的進諫不為其所接納，幾至不測，於是裝扮成僧人的模樣，逃入北鄙；「即今詩界推全盛，緬想遺徽仰止高」便是感現今詩社能興盛，是受了沈氏創東吟社的影響。全詩對沈氏崇高的氣節欽佩不已。另外，顏氏過太古巢因登臨遺跡，也賦有相關之詩作：

〈太古巢懷古〉

　　巢破樑空燕子飛，江山面目已全非，高人去後滄桑變，八景惟留寒月暉。

　　巢傾月冷最堪悲，樹老齋荒異昔時，勝地於今非舊主，空從石上讀遺詩。

〔註56〕

陳維英，字實之，號迂谷，台北大龍峒港墘人。曾發憤苦讀，後任閩縣教諭，是台灣第一個福建教諭。咸豐年間，陳維英擇地於圓山附近建別墅，並命名為「太古巢」，陳氏隱居其間，吟詩自娛，當時作育英材、桃李無數。這首〈太古巢懷古〉可以看出顏雲年重遊太古巢時，太古巢已成荒涼之景，「巢破樑空燕子飛，江山面目已全非」對人事皆非作出了敷陳，最後僅能「空從石上讀遺詩」來追憶當年太古巢的美景及陳維英。

〈張良〉

　　暴秦已滅韓讎復，鹿死中原志竟酬，無限良弓功狗感，藥爐單灶托歸休。

〔註57〕

張良原來是韓國的貴族，韓亡後，挾亡國之恨，偕刺客以鐵椎擊秦始皇於博浪沙，刺殺失敗後，更改姓名，隱於下邳，相傳張良曾受太公兵法於圯上老

〔註55〕顏雲年：《環鏡樓唱和集》影本，（臺北臺灣日日新報社，大正九年六月，廖師一瑾收藏），頁98。

〔註56〕顏雲年：《環鏡樓唱和集》影本，（臺北臺灣日日新報社，大正九年六月，廖師一瑾收藏），頁106。

〔註57〕顏雲年：《環鏡樓唱和集》影本，（臺北臺灣日日新報社，大正九年六月，廖師一瑾收藏），頁110。

人。而後張良與韓信、蕭何助劉邦與項羽爭奪天下，漢高祖即位後曾讚許張良運籌帷幄之中，決勝千里之外，並封張良為留侯。張良卻不居功，放棄了榮華富貴，隱居學習辟穀之術。最後同為功臣的韓信與蕭何因高祖疑其背叛而被殺，張良因功成不居而得以終年。詩句把「鳥盡弓藏」、「兔死狗烹」的典故化為「無限良弓功狗感」，也把張良最後以「藥爐單灶托歸休」隱居託歸的情志做出了說明，詩中以客觀的筆法說明了張良的生平事蹟。

〈有感〉

歷盡艱辛世路嶇，廿年廢學未忘儒。登壇擊缽詩三社，入洞催工鑛百區。

雷雨經綸非所望，林泉嘯傲自堪娛。連騎結駟稱端木，貨殖由來計不迂。

〔註58〕

這首詩，可說為顏雲年的生平做了最好的註腳，顏氏自述除礦業的經營外，始終沒有忘記儒學對他的影響，詩中也明確道出對作詩的喜愛。顏雲年在有生之年，除了舉辦詩人大會外，並創小鳴吟社，對基隆詩教的延續，有重要之地位與影響。

三、《陋園吟集》的內容

（一）「陋園」之得名與《陋園吟集》之編纂

大正元年，顏雲年所築的環鏡樓落成，大正六年別業「陋園」落成。「陋園」之得名，乃取「君子居之，何陋之有」之意，但實際上陋園「依山築屋、疊石為阜、引水成池、花樹繁茂、禽鳥時鳴，有天然之趣〔註59〕。」不但不陋，而且非常清靜幽雅，有著天然的趣味。觀《陋園吟集》裡所附陋園之照片，陋園具備了亭臺樓閣，在當時甚至譽被臺灣五大花園之一。當時許多文人雅士為陋園題了十景詩，詩作中甚至將其比喻為世外桃源，為陋園之美輪美奐、清幽雅緻做了見證。

陋園落成後，顏雲年於大正八年十月，邀瀛、桃、竹社之詩友至陋園舉行詩人大會。因而《陋園吟集》的編纂形式幾乎都承襲自《環鏡樓唱和集》。陋園吟集之主要的內容，主要有：顏雲年的肖像、陋園的相片；詩文方面，

〔註58〕顏雲年：《環鏡樓唱和集》影本，（臺北臺灣日日新報社，大正九年六月，廖師一瑾收藏），頁103。

〔註59〕顏雲年：《陋園吟集》，（臺北臺灣日日新報社，大正十三年，國立中央圖書館台灣分館微縮資料），頁4。

則有序文及詩作。在陌園主人肖象、陌園全景寫真的部分，可以看到顏雲年的肖像，也可以看到陌園的全景；在書中則有小松孤松先生的題字及羅秀惠、洪以南、謝汝銓、魏清德的序；在詩作方面主要有：鴻雪唱酬詩（古近體詩計七十六首）陌園題景詩（古近體詩計六十九首）陌園唱和詩（七言律詩計七十二首）陌園十景詩（五七言律絕詩計五十首）陌園擊缽吟詩（七言絕詩計百十一首）陌園詩存（古近體詩計百三十首）附錄哀輓詩（七言古近體計九十三首、五言律絕四首）附錄感憶詩（七言律絕計五首）。

　　《陌園吟集》中提到，顏雲年築陌園為其別業，直至歿後一年，大正十三年，顏雲年弟顏國年才將《陌園吟集》付梓印行，所以顏雲年未親眼目睹《陌園吟集》的刊行，因此書末收錄著追悼顏雲年的哀輓詩。日據末期，大戰爆發後，陌園為日本海軍所徵用，因此而荒廢，現在僅能以詩集中所附的照片來想像當時的美景及詩人與會之盛況。

（二）《陌園吟集》之詩作題材

　　《陌園吟集》的詩作有：鴻雪唱酬詩、陌園題景詩、陌園唱和詩、陌園十景詩、陌園擊缽吟詩、陌園詩存、哀輓詩、感憶詩。以實際內容區分，可分為「即事應景之唱酬詩」，這部分編者將詩集裡「鴻雪唱酬詩」、「陌園唱和詩」、「陌園擊缽詩」置於其中，主要內容為諸吟友送來迎來、相互應酬的唱和詩作，也收錄陌園落成時及於東京別業，邀請瀛社吟友前往舉行擊缽的詩作，由於內容與《環鏡樓唱和集》中落成唱和詩及擊缽詩作性質雷同，因此僅收錄連雅堂〈陌園即事贈主人顏雲年〉一詩為代表；「陌園題景詩」、「陌園十景詩」，主要以描繪「陌園」之風光景色為主，所以將其歸類為「描繪陌園風景之寫景詩」，此一部分是《陌園吟集》裡最特殊的部分，為昔日陌園的景致，留下了最好的記錄。另外，詩集中「哀輓詩」、「感憶詩」主要可歸類成「弔顏雲年之哀輓詩」，以下不另行論述。另外《陌園吟集》之內容，製為下表，試分析之：

1、即事應景之唱酬詩——「鴻雪唱酬詩」、「陌園唱和詩」、「陌園擊缽詩」

　　由於《陌園吟集》大部分的形式承襲了《環鏡樓唱和集》，因此有二百五十首的詩作，都是酬贈、唱和詩及落擊缽作品。擊缽作品主要有：庚申年（大正六年，1917）於東京別邸的擊缽吟諸吟友所作的「艾人」；除了之外，

收錄了大正八年十月，陌園落成後，瀛、桃、竹聯合擊鉢於陌園集會時，首唱所作的「富貴花」。這些作品主要可以了解顏雲年一生交遊的情形，但由於內容與《環鏡樓唱和集》過於雷同，因此處處僅收錄連雅堂之詩作為代表。

陌園的唱酬詩主要內容為陌園落成時唱和、即事之作，除了描述陌園之得名由來外，主要在歌頌陌園主人顏雲年的德行高尚，詩作中充滿真摯的情誼：

〈陌園即事贈主人顏雲年〉　臺南　連雅堂

天地為蘧廬，風雲為戶牖，日月為庭除，山川為左右。我生大氣中，居之何陌有，朝讀一卷書，夕飲一杯酒。世事看龍蛇，功名視芻狗，去住本無常，憂樂之天受。我聞顏聖人，陌巷且不朽，農山言志時，欲致太平久。孔曰爾多財，吾為爾宰否，何以利吾身，一笑王曰叟。金穴鑿洪濛，五丁供奔走，以此大地藏，為卑民生厚。經濟發文章，際會良非偶，腰纏萬貫資，買山藏二酉。邱壑本天成，泉清石而醜，十笏築騷壇，旗鼓相先後。佳節會良朋，黃花醉重九，左拍洪厓肩，右挹浮邱袖。刻燭快傳箋，從此分勝負，勝者得錦標，負者酌大斗。況有美人來，蛾眉擁蟒首，不惜醉紅裙，小謫風流藪。浩歌詠滄浪，翩然出塵垢，我時問主人，此園何陌有？豈如陌鄉居，自與麋鹿友，又如陌池中，不聞蛟龍吼。主人載拜辭，祖德未敢負，簞瓢樂家風，敬哉子孫守。我聞主人言，還為主人壽，願保千金軀，泉石長無咎。

〔註60〕

這首詩中前半部先直敘自己的性格與讀書為學的氣度。「天地為蘧廬，風雲為戶牖，日月為庭除，山川為左右」、「我生大氣中，居之何陌有，朝讀一卷書，夕飲一杯酒」表現出竹林七賢般的灑脫與物我合一的豪邁氣魄，更把「功名視芻狗」。詩的中段則敘述了陌園主人以礦業發跡的生平與文友相聚刻燭擊鉢限時寫詩的韻事。詩的後半部則採用了問答的方式來敘述陌園的由來，「我時問主人，此園何陌有？豈如陌鄉居，自與麋鹿友，又如陌池中，不聞蛟龍吼」以第一人稱的口吻提問，難道主人有隱居躬耕與麋鹿為友的心志或是像潛沉於陌池中的蛟龍一般，等待著時機以大展長才？陌園主人的回答則表現出謙卑自牧的態度，只因「祖德未敢負」、「簞瓢樂家風」希望子孫能有顏回一樣

〔註60〕顏雲年：《陌園吟集》，（臺北臺灣日日新報社，大正十三年，國立中央圖書館台灣分館微縮資料），頁17。

安貧樂道的家風。詩末再以第一人稱的「我聞主人言，還為主人壽，願保千金軀，泉石長無咎」留下了祝福之意。全詩可說十分豪邁奔放，以問答的方式點出「陋園」主人以安貧樂道的態度持守家業，頗得古風的興味。

2、描繪陋園風景之寫景詩──「陋園題景詩」、「陋園十景詩」

「陋園題景詩」、「陋園十景詩」，主要內容著重於「陋園」風光的描寫，是《陋園吟集》裡最特殊的部分，詩人們用細膩的筆法呈現出陋園的景色，為陋園宜人的景致留下了動人的詩篇。究竟「陋園十景」是如何而得名的呢？顏雲年在〈陋園十景詩〉的小引曾提到：「園自歸余後，所有園中諸勝均未命名，近又次第增設，治事之暇，隨意散策略，就各景較有風景者，名以實之計得十所，並付以詩。〔註61〕」由上觀知，可知陋園十景之由來，乃是陋園主人以其有特色趣味之景，分別將其命名，共得十處，並為此十處賦詩。

由此可知，陋園實非陋，其中以有特色趣味者，就多達十處之多，而後詩人墨客也為陋園十景作詩，留下了五、七言律詩、絕句共五十首，觀〈陋園十景詩〉中所提到的陋園十景，可知陋園十景分別為：沁春池、吟秋澗、擘霜林、鋤月塢、息影廬、涵光臺、忘機亭、振衣岡、龍湫瀑、蟹波井。以下分別摘錄三家陋園十景詩，附於下：

〈陋園十景詩〉　顏吟龍

〈沁春池〉

銀塘半畝接清秋，欲沁詩脾對碧流，羨汝鴛鴦春夢隱，不須海上逐盟鷗。

〔註62〕

從詩作當中可以看出，詩人對著沁春池中的碧綠的流水作詩，卻看到池裡的鴛鴦戲水的旖旎之景，不由得羨慕了起來。

〈吟秋澗〉

一片冷冷動素心，隨風如奏美人琴，老來無意登歌館，愛聽清音步晚林。

〔註63〕

〔註61〕顏雲年：《陋園吟集》，（臺北臺灣日日新報社，大正十三年，國立中央圖書館台灣分館微縮資料），頁42。
〔註62〕顏雲年：《陋園吟集》，（臺北臺灣日日新報社，大正十三年，國立中央圖書館台灣分館微縮資料），頁42。
〔註63〕顏雲年：《陋園吟集》，（臺北臺灣日日新報社，大正十三年，國立中央圖書館台灣分館微縮資料），頁42。

「澗」，是山間的流水。被風拂過的流水，是最美的天籟之音，如同美人演奏琴曲一般，顏氏這首詩最末二句「老來無意登歌館，愛聽清音步晚林」，將那種晚年崇尚自然之聲的態度做出了說明。

〈擘霜林〉

一林佳種出龍陽，綠蓴黃胞帶露春，他日聖朝資貢獻，小園草木亦天漿。

〔註64〕

全詩描寫出擘霜林的景色，但「他日聖朝資貢獻，小園草木亦天漿」兩句彷彿別有所指。

〈鋤月塢〉

最憐竹外一枝斜，梅鶴清高和靖家，雪後扶鋤乘月上，園林點綴藉寒花。

〔註65〕

鋤月鶴一詩使用了林逋「梅妻鶴子」的典故，象徵高節的隱士。將鋤月塢四周點綴著梅花的景色做出了細緻的描繪。

〈息影廬〉

年來有癖愛幽居，箇裡棲遲意自舒，俗客不來春晝永，安閒聊以息吾廬。

〔註66〕

〈息影廬〉一詩充分表達出退隱閒居、自適自樂的心志。「俗客不來春晝永」彷彿說明「往來無白丁」，結交的朋友沒有俗不可耐之人，因此才得以清靜悠閒。

〈涵光臺〉

四顧滄溟已夕陽，只餘海碧接天蒼，防波堤外潮來往，忽有明珠夜放光。

〔註67〕

從詩中所描摹的景色，可以得知「涵光臺」可以眺望著海天一色的風光。

〔註64〕顏雲年：《陋園吟集》，（臺北臺灣日日新報社，大正十三年，國立中央圖書館台灣分館微縮資料），頁42。
〔註65〕顏雲年：《陋園吟集》，（臺北臺灣日日新報社，大正十三年，國立中央圖書館台灣分館微縮資料），頁42。
〔註66〕顏雲年：《陋園吟集》，（臺北臺灣日日新報社，大正十三年，國立中央圖書館台灣分館微縮資料），頁42。
〔註67〕顏雲年：《陋園吟集》，（臺北臺灣日日新報社，大正十三年，國立中央圖書館台灣分館微縮資料），頁43。

〈忘機亭〉

一椽亭舍傍山墟，四壁玲瓏月影疏，棋子聲殘人寂寞，蕭然興味野僧如。

〔註68〕

顏氏將亭命名為「忘機亭」，有著「陶然共忘機」的意味存在，讓人聯想到白樸〈沉醉東風〉裡的：「雖無刎頸交，卻有忘機友。」詩中所描述的「棋子聲殘人寂寞，蕭然興味野僧如」則讓人想到王質觀仙人棋的故事。而張純甫的〈忘機亭〉則直接寫道：「忘機棋一局，看殺爛柯樵。」使人有如入仙境之感。

〈振衣岡〉

千仞岡頭一振衣，萬章樹外幾鴉歸，濯纓濯足渾閒事，寄語休揚海水飛。

〔註69〕

「振衣岡」的命名彷彿脫自左思〈詠史詩〉：「振衣千仞岡，濯足萬里流。」也有著《孟子·離婁》：「滄浪之水清兮，可以濯我纓；滄浪之水濁兮，可以濯我足。」的高潔意味。

〈龍湫瀑〉

半壑沈沈水淺深，此間疑有老龍吟，他時得乘風雲起，飛去滄江作雨霖。

〔註70〕

「龍湫瀑」一景彷彿有著潛伏隱藏的龍居住，詩中以龍為喻的意味十分濃厚，說明等待時機將一展長才。

〈蟹波井〉

一穴泉香碧草邊，玉珠咳唾腹中涎，溪小澗難容客汝，會看橫行出九淵。

〔註71〕

詩中則描述出「蟹波井」的景色，並用了井小難以自容，彷彿自敘了詩人自身寬大的懷抱。以下摘錄名儒張純甫及基隆詩人許梓桑的〈陋園十詠〉詩：

〔註68〕顏雲年：《陋園吟集》，（臺北臺灣日日新報社，大正十三年，國立中央圖書館台灣分館微縮資料），頁 43。

〔註69〕顏雲年：《陋園吟集》，（臺北臺灣日日新報社，大正十三年，國立中央圖書館台灣分館微縮資料），頁 43。

〔註70〕顏雲年：《陋園吟集》，（臺北臺灣日日新報社，大正十三年，國立中央圖書館台灣分館微縮資料），頁 43。

〔註71〕顏雲年：《陋園吟集》，（臺北臺灣日日新報社，大正十三年，國立中央圖書館台灣分館微縮資料），頁 43。

〈陌園十詠〉　　筑客　張純甫

〈沁春池〉

肝膽同傾舊，詩脾一沁新，從來魚與水，畢竟是誰春。〔註72〕

〈吟秋澗〉

潛龍已騰踔，風雨時一吟，莫言幽壑小，難遂作霖心。〔註73〕

〈蟹波井〉

不是橫行地，何須用甲兵，愛他唾珠玉，及此水清泠。〔註74〕

〈龍湫瀑〉

久不見飛瀑，忽焉聞長嘯，豈是石鐘山，激水入石竅。〔註75〕

〈擘霜林〉

黃金影鋪地，望之涎猶咽，若擘以霜刀，瓊漿無此例。〔註76〕

〈鋤月塢〉

鐵石堅吾心，冰霜鍊我骨，種花待月來，積雨何未歇。〔註77〕

〈忘機亭〉

駒隙聊同過，詩瓢與酒瓢，忘機棋一局，看殺爛柯樵。〔註78〕

〈振衣岡〉

欲以管窺天，何如蠡測海，一上振衣岡，三見桑田改。〔註79〕

〔註72〕顏雲年：《陌園吟集》，（臺北臺灣日日新報社，大正十三年，國立中央圖書館台灣分館微縮資料），頁43。

〔註73〕顏雲年：《陌園吟集》，（臺北臺灣日日新報社，大正十三年，國立中央圖書館台灣分館微縮資料），頁43。

〔註74〕顏雲年：《陌園吟集》，（臺北臺灣日日新報社，大正十三年，國立中央圖書館台灣分館微縮資料），頁44。

〔註75〕顏雲年：《陌園吟集》，（臺北臺灣日日新報社，大正十三年，國立中央圖書館台灣分館微縮資料），頁44。

〔註76〕顏雲年：《陌園吟集》，（臺北臺灣日日新報社，大正十三年，國立中央圖書館台灣分館微縮資料），頁44。

〔註77〕顏雲年：《陌園吟集》，（臺北臺灣日日新報社，大正十三年，國立中央圖書館台灣分館微縮資料），頁44。

〔註78〕顏雲年：《陌園吟集》，（臺北臺灣日日新報社，大正十三年，國立中央圖書館台灣分館微縮資料），頁44。

〔註79〕顏雲年：《陌園吟集》，（臺北臺灣日日新報社，大正十三年，國立中央圖書館台灣分館微縮資料），頁44。

〈息影廬〉

不受磋磨苦，寧知棲息樂，已屠海上鯨，待逐中原鹿。〔註80〕

〈涵光臺〉

禹門八尺水，未易偶然登，貪看魚龍戲，遙遙青一燈。〔註81〕

許梓桑曾作〈雞籠八景〉詩，《陋園吟集》裡亦有許氏描繪陋園十景的詩作，作品中有許多記錄基隆風光之詩。許氏可說是日據時期基隆重要的代表詩人，茲摘錄 〈陋園十詠〉於下：

〈陋園十詠〉 迺蘭 許梓桑

〈沁春池〉

半歐青山一曲池，清流抵合沁詩脾，春生草色波光滿，無數魚鱗泳碧漪。

〔註82〕

〈吟秋澗〉

滿山風雨寫溪秋，一片冷冷夾岸流，我愛清音來曲澗，半為觀瀑聽寒湫。

〔註83〕

〈擘霜林〉

蓬萊嘉種植成林，帶露流香度遠岑，從此天心加醞釀，沁人齒頰似甘霖。

〔註84〕

〈鋤月塢〉

閒伴蟾光手自鋤，風前斜影愛蕭疏，憐他玉骨冰霜鍊，未著寒花氣已舒。

〔註85〕

〔註80〕 顏雲年：《陋園吟集》，（臺北臺灣日日新報社，大正十三年，國立中央圖書館台灣分館微縮資料），頁 44。

〔註81〕 顏雲年：《陋園吟集》，（臺北臺灣日日新報社，大正十三年，國立中央圖書館台灣分館微縮資料），頁 44。

〔註82〕 顏雲年：《陋園吟集》，（臺北臺灣日日新報社，大正十三年，國立中央圖書館台灣分館微縮資料），頁 44。

〔註83〕 顏雲年：《陋園吟集》，（臺北臺灣日日新報社，大正十三年，國立中央圖書館台灣分館微縮資料），頁 45。

〔註84〕 顏雲年：《陋園吟集》，（臺北臺灣日日新報社，大正十三年，國立中央圖書館台灣分館微縮資料），頁 45。

〔註85〕 顏雲年：《陋園吟集》，（臺北臺灣日日新報社，大正十三年，國立中央圖書館台灣分館微縮資料），頁 45。

〈息影廬〉

貪幽習靜愛吾廬，簞裡簞瓢樂有餘，不效五侯驕富貴，吟身棲息自安舒。

〔註86〕

〈涵光臺〉

曠觀山角傍樓臺，夜放燈光水面開，岸上石人催巨浪，海鷗何事逐波來。

〔註87〕

〈忘機亭〉

小築雲邊一草亭，清風四面盡玲瓏，閒中把酒遣秋興，醉看山峰雨後青。

〔註88〕

〈振衣岡〉

振衣直上最高岡，大放吟眸入渺茫，一柱擎天浮海外，長年聳翠接穹蒼。

〔註89〕

〈龍湫瀑〉

懸崖絕壁挂蒼龍，長嘯聲同噓氣衝，不是半天降雨雹，何如白練瀉晴峰。

〔註90〕

〈蟹波井〉

鑿飲寒泉咳碧波，垂涎弩目氣如何，嗤他井底甘株守，不及橫行涉遠河。

〔註91〕

　　二次大戰時陋園被日本海軍徵為軍事用地，因而荒廢，但「陋園題景詩」、「陋園十景詩」為陋園清幽雅緻的風景，留下了最好的見證。

〔註86〕顏雲年：《陋園吟集》，（臺北臺灣日日新報社，大正十三年，國立中央圖書館台灣分館微縮資料），頁45。
〔註87〕顏雲年：《陋園吟集》，（臺北臺灣日日新報社，大正十三年，國立中央圖書館台灣分館微縮資料），頁45。
〔註88〕顏雲年：《陋園吟集》，（臺北臺灣日日新報社，大正十三年，國立中央圖書館台灣分館微縮資料），頁45。
〔註89〕顏雲年：《陋園吟集》，（臺北臺灣日日新報社，大正十三年，國立中央圖書館台灣分館微縮資料），頁45。
〔註90〕顏雲年：《陋園吟集》，（臺北臺灣日日新報社，大正十三年，國立中央圖書館台灣分館微縮資料），頁45。
〔註91〕顏雲年：《陋園吟集》，（臺北臺灣日日新報社，大正十三年，國立中央圖書館台灣分館微縮資料），頁45。

四、《環鏡樓唱和集》、《陋園吟集》的特色及意義

（一）網羅名家的作品，詩人大會活動情形的呈現

《環鏡樓唱和集》、《陋園吟集》的編纂，主要匯集了當時參與顏雲年「環鏡樓」、「陋園」落成吟宴會的名士、詩友所作的作品，由於與會者眾多，前往參與的都是當時頗具聲望及社會地位的人士，幾乎囊括當時名家的作品，有進士許南英、名儒張純甫、連雅堂、竹社社長王石鵬、瀛社社長洪以南、櫟社社長傅錫祺、天籟吟社社長林述三等諸家的作品，可說是網羅了當時名家的作品，極具參考價值。

顏雲年在環鏡樓及陋園先後舉行二次詩人大會，成為臺灣詩人大會的濫觴，使得後來有所謂全島性的詩人聯吟會，把詩可以群的特性發揮得淋漓盡致。而《環鏡樓唱和集》、《陋園吟集》的刊行可說是為二次詩人大會的活動做了詳實地報導與紀錄。

（二）自然風光的展現

書中對於環鏡樓、陋園、基隆、九份、瑞芳的風光多所描寫，勾勒出基隆海天風光、地理氣象、庭林名園的面貌，為基隆的山川景致留下了美麗、動人的詩篇。

（三）社會活動的紀錄

礦業的活動、發展、淘金的熱潮；以金石贈妓的風氣；教育制度的不公平，使得臺人轉向日本求學發展；詩社的興起、詩人與會的盛況，書中都輾轉地將日據時期社會活動、新聞時事、人文發展做了最忠實的反映及紀錄。

第二節 基隆愛國詩人張添進及《破浪吟草》、《壯棄齋吟稿》

一、張添進（1898～1953）生平傳略

張添進，字一鴻，號一泓，又號秋客。生於一八九八年。世居草店尾街。少孤，賴伯父達源教養成立。性瀟灑，具倜儻才，宜蘭陳茂才子經，妻以長女。添進初供職於臺灣銀行，每以臺灣孤寄海外，在異族統治下，未得舒情抱，拓心胸為憾。

　　民國九年渡日本，轉淞滬，溯長江，泛瀟湘，謁黃興、蔡松坡墓，歸羈蘇杭，流連西湖，覽勝寄懷，著《破浪吟草》一卷付梓。而大陸長江之行，使得張氏感觸良多，當時軍閥橫行，導致民不聊生，因而滿懷憂憤，返台後將其積鬱發抒於詩作中。日與騷朋吟友唱和，集有《壯棄齋吟稿》。

　　民國十八年，張添進結集故知創鐘亭，續其翰墨因緣，兩月課一題，而後遂將詩友作品輯錄成《鐘亭集》，並於民國二十年與許梓桑、李燦煌、張鶴年、劉明祿、蔡清揚等詩人共同創立了大同吟社，活躍於基隆詩壇。根據張添進之子張春熙在〈我的父親〉提到：「父親把滿腔憂時憂國的悲憤心情，寄懷風月，吟詩諷世。〔註92〕」

　　太平洋戰爭後，日文對臺人猜忌愈深，動輒以間諜罪名繫獄。而當時，瑞三礦業礦主李建興，及記室黃斌（字梅生，同為大同吟社的詩友）與黃景岳（字種人，亦為大同吟社之詩友）均遭日人逮捕，社會人士皆不敢營救，後黃斌與黃景岳，死於獄中。當時，張氏感禍將及身，只得含淚忍痛將書籍及詩稿文件焚燬以求自保。張添進之子張春熙提到這段歷程：「記得小時候，給我印象最深刻的事，是在一天的夜裡，我從睡夢中醒來，矇矓中看到父親正一頁頁地燒著他珍愛的書，淚珠沿著面頰落下，一份靜寞的神情，令我愕然，大人怎麼也會哭？急問父親：『爸，您在做什麼？』，回答是一陣悽然的苦笑：「你還不懂事，以後長大了再告訴你，不過明天，可不能向別人說，快點睡吧。」從此以後，父親一直不曾告訴我。但我終於明白，那時抗戰正殷，也是日本軍閥搜補台灣抗日志士最嚴厲的時候，父親祇得將他最心愛的祖國文物燒成灰燼了。〔註93〕」

　　張添進對異族統治感到悲憤難平，遂將抑鬱之氣，化為慷慨悲歌於詩作中吐露呈現。其詩作〈籠中鳥〉：「雕籠久住感難勝，自惜翩翩羽翼輕。弱肉終歸強者食，世無公冶莫徒鳴。」及〈睡仙〉：「欹枕蓬蓬夢自溫，玉京不厭往來煩。何關傍榻他人鼾，一覺來時世尚昏。」其懷抱皆溢於言表。筆者試著以張氏作品《破浪吟草》、《壯棄齋吟稿》作出內容分析，張氏生平年表，附於下。

〔註92〕張添進：《破浪吟草》，（基隆市立文化中心，民國九十年十月初版），頁39。
〔註93〕張添進：《破浪吟草》，（基隆市立文化中心，民國九十年十月初版），頁40。

西元一八九八年	生於基隆草店街	民國二十年	擔任大同吟社發起人
民國八年（西元一九一九年）	旅日	民國二十一年	返台
民國九年	首途上海，著《破浪吟草》一書付梓	民國三十五年	任仁愛區民代表會主席
民國十六年	著《壯棄齋吟稿》	民國三十六年	赴南京，制憲國民代表大會
民國十八年	創鐘亭	民國四十一年	榮任全國詩人大會總詞宗
民國十九年	再赴蘇杭揚州，並任杭州日報主筆	民國四十二年（西元一九五三年）	因病逝世

二、《破浪吟草》的詩作題材

在日本統治下的臺灣，處處可見日人殖民心態及對臺人的打壓。當時臺灣人民殷切盼望處境改善，但事與願違，詩人張添進強烈感受到這種不平等的待遇，因此時時懷抱著抑鬱難平之氣。當時有為數不少的青年因而離開臺灣轉向日本或大陸發展。由於在日本能有平等教育，不像臺灣受到歧視及不平等的待遇，所以有若干臺人轉而向日本發展或就學，如：礦業大亨顏雲年於東京購屋安排諸子赴日接受教育；另外，當時日本在大陸扶植魁儡政府「偽滿州國」，所以臺人可直接由日本轉經東北，在大陸的臺人可以享有日本國民的特權，所以有部分臺人抱持著這種心態前往大陸。

張添進則以未舒懷抱，拓心胸為憾，於庚申（民國九年，1920）秋，前往大陸，並偕故友同登黃鶴樓等名勝古蹟。原本以為五四運動後，民族意識正興，但張氏前往後大陸後，目睹當時中國內憂外患，軍閥割據，列強侵華日甚，因而弔古傷今，將所見所感一一記下，以形式而言《破浪吟草》多是記遊之作，而張氏弔古傷今、影射時事以舒懷抱的心志，均反映於詩作當中，可見其憂時憂國的情操。以下就詩作中所表現的題材論其詩歌內涵。

（一）弔古傷今的抒懷之作

張添進由於不滿臺灣的局勢，為逃避殖民地的桎梏，乃於民國九年前往大陸，探訪了許多的名勝古蹟，如：黃鶴樓、岳王墳、黃興、蔡鍔墓。張氏原本對中國懷抱著憧憬與思慕之情，卻看到當時中國南北紛爭、內憂外患，因而將所見所感寫下，詩中深切地反映當時的政治局勢。

〈嶽麓謁黃克強先生墓〉

湘水無情長綠綠，慰君彈否湘妃曲，飄揚五色國旗新，何如棄之不目矚。

—230—

可憐同室竟操戈，江山到處如棋局，先生靈爽在人間，敢向墓門求所欲，

願教南北莫紛爭，國勢蒸蒸如朝旭，擁護千軍萬馬強，神威凜凜騰嶽麓，

我是黃農舊子孫，心香一瓣般致祝。〔註94〕

黃興，原名軫，字廑吾，一字克強，湖南長沙人，為革命健將，曾親自參與欽廉、黃花崗之役。辛亥革命時，被推為軍政府大元帥，民國五年十月，病逝上海。這首詩是張添進謁黃興墓時所作，詩中「五色國旗」是武昌起義後成功的城市及地區都紛紛懸掛五色旗。張氏前往大陸時正是軍閥割據的時期，詩句中「可憐同室竟操戈，江山到處如棋局」便揭露了軍閥割據的亂象，表達了心中的沉痛與哀思，而「願教南北莫紛爭，國勢蒸蒸如朝旭」則表明了自己對和平深切的渴望，滿懷對國家前途的憂心，除了謁黃興墓，張氏也前往蔡鍔墓憑弔：

〈嶽麓謁蔡松坡先生墓〉

東海鴉啼怕耳聞，中原人哭鍔將軍，可憐並世英雄敵，空憶當年壯士群。

嶽麓煙殘凋碧樹，湘江水逝沒紅曛，松楸未老公猶在，赫赫名留刻石文。

〔註95〕

蔡鍔，字松坡，湖南邵陽人，辛亥革命時為雲南都督。袁世凱稱帝時，蔡鍔赴雲南，首先起兵宣布獨立，稱為護國軍，各省因而響應。這首詩張添進懷著一種哀悼的心情看待過往的史事，「可憐並世英雄敵，空憶當年壯士群」，時空的轉換使得當年的英雄、壯士早已不在，沒入湘江的太陽依稀憑弔著當年的往事，而今只贍墓旁的松樹等植物及紀載文字的石碑依舊佇立，彷彿為當年蔡鍔聲名顯揚的功蹟做出了見證。張添進對蔡鍔的崇敬之心在此展現無遺。

〈拜岳王墳〉

地埋忠骨土猶馨，芳躅難尋舊典型，萬里長征摧北狄，千秋孤墳寄西冷。

寒花默默秋將老，衰草離離帝不醒，最是令人惆悵處，風波亭畔夜飛螢。

〔註96〕

岳飛，是忠臣的典型代表。張添進懷抱著尊崇的心情拜謁岳王墓。來到岳飛的埋骨之處，為其見證了忠臣的堅貞，「衰草離離帝不醒」一句，述說著張氏

〔註94〕張添進：《破浪吟草》，（基隆市立文化中心，民國九十年十月初版），頁77。
〔註95〕張添進：《破浪吟草》，（基隆市立文化中心，民國九十年十月初版），頁77。
〔註96〕張添進：《破浪吟草》，（基隆市立文化中心，民國九十年十月初版），頁74。

看到茂盛的草，連想到宋高宗聽信秦檜的讒言因而誅殺岳飛的歷史。「最是令人惆悵處，風波亭畔夜飛螢」二句道出最是令詩人感慨的地點還是岳飛遇害的「風波亭」。全詩流露出詩人的對忠臣的憐惜。

〈登黃鶴樓〉

飄零萬里此停舟，慷慨登臨黃鶴樓，雕樑畫棟輝煌在，星移物換幾春秋。
壯哉憑誰來建此，費先已去鶴已死，文裡一片影空留，觀否神州光復事。
斗酒百篇思非窮，偶從聽笛悲心衷，別有興懷難抒出，豈真擱筆讓崔翁。
周郎漫稱一世傑，卻驚雲長顏如血，晴川秋草遠離離，吳蜀爭雄跡未滅。
三層奧略自巍然，千載憐他筆力堅，長江滾滾流斷地，蛇山逶迤勢騰天。
南瞻死鱷還逞怒，辜負當年之韓愈，遍地哀鴻孰濟饑，可憐肉食如聾瞽。
外侮頻頻內訌生，錦繡河山似裂繒，何日漁洋重撾鼓，豺狼遠竄睡獅醒。
極目中原怕回首，愛國無人徒噪口，觀今感古寫狂謌，覩物傷時且醉酒。
醉酒狂歌忽夕陽，客與長如客路長，天風浪浪吹歸袖，菊老秋高我心傷。

〔註97〕

張添進筆下的黃鶴樓，除了詠嘆黃鶴樓過往的歷史，也直接抒發出他登臨黃鶴樓的感慨，把古今的歷史對出一對比。詩中援用了許多的傳說與歷史：費文禕登仙駕鶴憩於黃鶴樓、崔顥的題詩、三國吳蜀爭霸的遺址，而「雕樑畫棟輝煌在，星移物換幾春秋」今日登樓不免有著物是人非的感受。中段以後筆鋒一轉，似以韓愈〈祭鱷魚文〉中的鱷魚來比喻當時軍閥割據，人民苦不堪言之貌。當時中國「外侮頻頻內訌生，錦繡河山似裂繒」處於內憂外患之際，原來錦繡的山河大地也因而四分五裂，詩人以「豺狼遠竄睡獅醒」一句，明白表現出自己的盼望，希望中國能一改積弱不振之貌，驅逐圍繞在旁的豺狼，成為一真正的醒獅。只可惜「極目中原怕回首，愛國無人徒噪口」，詩人因而「覩物傷時且醉酒」。張添進弔古傷古、不勝唏噓，所以賦詩記下自己的悲嘆。詩中呈現出國家民族「內憂外患」的局勢，寫出詩人對蒼生百姓、國家局勢的憂心。

《破浪吟草》可視為張添進客舍神州的遊覽之作，當時張氏前往許多歷史名勝觀覽，面對著這些遺跡，引發了張氏無限的感慨，張氏因而賦詩記之，弔古傷今、影射時事，對家國百姓的悲憫與憂心，都於詩作中一覽無遺。藉此可以了解張添進的生命情調與愛國情志。

〔註97〕張添進：《破浪吟草》，（基隆市立文化中心，民國九十年十月初版），頁79。

（二）西風東漸的社會面貌

　　張添進的大陸之行，除了至黃鶴樓、岳王墳覽勝外，也曾經前往上海遊覽。上海一地的見聞，帶給了張添進不同的人生體驗，張添進用詩作把西風東漸的上海，人民的生活、繁華的景象作出了細膩的描述：

〈申江有感〉　其二

　　美雨歐風拂面來，紅塵匝地掃難開，逢場作戲渾閒事，莫認多情去又回。

〔註98〕

「申江」是春申江，即黃浦江的別名。在張添進的眼中，當時的上海一帶是「美雨歐風拂面來」，充滿了外國的氛圍，繁華熱鬧。張添進在日記中寫道：「電火萬家城不夜，笙簫到處歲常春。誰不知滬上之奢華者乎？〔註99〕」便把他眼中上海夜夜昇歌的繁榮情形作出了描述，在日記中云：「以記申江之風情。」張添進藉由詩句把上海弦歌不輟的景象紀錄了下來：

　　電燈閃閃競新粧，萬盞離奇引客光，大世界兼新世界，聽書看戲任無妨。

〔註100〕

詩中所描述的上海，即使入夜也閃爍著明亮燦爛的燈火，不僅如此，有聽書、看戲等等娛樂可供選擇，使得遊客目眩神迷。張氏云：「大世界及新世界乃遊戲場也，收有唱彈詞、唱京調、影戲、正音戲，零賣小東西及大榮館裝極壯麗，士女皆來遊玩。〔註101〕」可見上海繁榮之一斑。另外，當時西風東漸，許多上海女學生衣著改成洋裝或折衷式的裝扮，有掛著金絲眼鏡，攜手杖的裝扮：

　　革履踸高舉步悠，防塵眼鏡掛雙眸，更穿洋漢折衷服，剪髮攜棍說自由。

〔註102〕

剪髮、戴眼鏡、攜手杖、穿中西式折衷的衣服，除了衣著上的改變，市街上川流不息的各式車輛、車水馬龍的情形，同時有汽車、馬車、黃包車、一輪車奔馳於路上，也讓詩人張添進大開眼界：

　　路滿汽車及馬車，黃包車又一輪車，大輆小輆忙忙走，眼界新添幾樣車。

〔註103〕

〔註98〕張添進：《破浪吟草》，（基隆市立文化中心，民國九十年十月初版），頁73。
〔註99〕張添進：《破浪吟草》，（基隆市立文化中心，民國九十年十月初版），頁200。
〔註100〕張添進：《破浪吟草》，（基隆市立文化中心，民國九十年十月初版），頁239。
〔註101〕張添進：《破浪吟草》，（基隆市立文化中心，民國九十年十月初版），頁239。
〔註102〕張添進：《破浪吟草》，（基隆市立文化中心，民國九十年十月初版），頁242。
〔註103〕張添進：《破浪吟草》，（基隆市立文化中心，民國九十年十月初版），頁240。

所謂「一輪車」是載貨的車輛，一半可供乘客乘坐，一半可載貨。而街道上各種車輛各自奔馳，使得張添進嘆為觀止，直呼「眼界新添幾樣車」。除此之外，另有描寫小販叫賣至深夜的樣貌：

> 賣書賣布叱咿呵，最是夜深更覺嘈，纔去五香茶葉蛋，又來阿拉粥新造。
>
> 〔註104〕

上海小販販賣著各種形形色色的物品，可說包羅萬象、一應俱全，有賣書的、有賣布的、有賣食品的。可是到了深夜時分，小販的叫賣聲不免擾人清夢，張添進在日記中記載著：「此地賣物之人皆大小聲直叱，如賣布者最甚，若道士叱鬼一般。〔註105〕」足見小販叫賣聲音之大，而「纔去五香茶葉蛋，又來阿拉粥新造」把小販出現頻繁的情形作出了一番描寫，十分富有趣味。除了這些作品外，另有對歡場女子及算命仙的描寫，把當時的上海多樣化的風貌，做了忠實的陳述。

（三）寫景記遊的行旅之感

張添進為逃避殖民地的桎梏，於民國九年前往大陸，探訪了許多的名勝古蹟，留下了許多感懷之作；前往上海，面對上海繁華的風情，也留下許多詩篇。除了這些詩作外，《破浪吟草》中數量最多的是張氏在神州遊途中與諸友的送別及寫景記遊、抒發懷抱的作品。記載與朋友交往或送別的作品，如：

> 〈將渡申江留別諸友吟友二律〉其一
>
> 好趁秋風一葦航，輕舟破浪出鯤洋，臨流頻擊虁時楫，渡海遙登逐鹿場。
> 北去中原天地闊，南來窮島雨煙荒，故人應亦遙憐我，時寄梅花片片香。
>
> 〔註106〕
>
> 其二
>
> 頻年飄泊欲何從，且乘長風溯漢淞，秋櫓聲中縈舊夢，春申浦上印新踪。
> 曾含濁世滿腔血，擬打寒山半夜鐘，此日渡頭同折柳，驪歌一取恨重重。
>
> 〔註107〕

〔註104〕張添進：《破浪吟草》，（基隆市立文化中心，民國九十年十月初版），頁240。
〔註105〕張添進：《破浪吟草》，（基隆市立文化中心，民國九十年十月初版），頁241。
〔註106〕張添進：《破浪吟草》，（基隆市立文化中心，民國九十年十月初版），頁71。
〔註107〕張添進：《破浪吟草》，（基隆市立文化中心，民國九十年十月初版），頁71。

又如：

〈天樂居夜飲示麗君〉

倚天舞劍縱雄才，對酒當歌得意才，天上鵲橋填有日，人間鴛偶嘆無媒。

憐卿心事知甘苦，笑我文章慣豔哀，相識今宵應是夢，湘垣攜手暫徘徊。

〔註108〕

上述詩作中反映了張添進與朋友交往的情形。詩句中「憂」、「憐」、「濁世」、「恨」、「飄泊」、「夢」的字眼，都書寫著張添進對於身處亂世之中悲觀的生命情調。在旅途中，除了朋友交遊往來之作，另外，由於張添進都以水路為主要的交通方式，不管行舟或泊岸時，多有所感，留下了許多的寫景及詠懷之作，如：

〈舟入洞庭湖〉

洞庭秋色晚來多，螺黛山環鴨綠波，露冷風高孤雁到，月明潮滿一蓬過。

欲沖淼漫頻催艇，迴望蒼茫且嘯謌。底事多情龍女去，教人無自問湘娥。

〔註109〕

〈雨中舟過汨羅潭〉

抑鬱知公死不甘，葬身魚腹恨長含，橫風吹雨船窗冷，思讀離騷過汨潭。

〔註110〕

又如：

〈歸舟停浦口〉

浪跡江湖興更賒，又經浦口且停槎，吳姬越豔今何在，惟見江頭蘆荻花。

〔註111〕

〈夜泊閩江〉

鼓嶺微鐘響，閩江動客思，依稀聞虎島，髣髴望龍儀。

水際鷗眠夜，山頭月上時，人生似萍梗，浪跡復何疑。〔註112〕

〈舟泊江寧〉

笙歌畫舫跡成灰，鐵笛銅琶吊幾回，割據六朝猶夢寐，淒涼孤客尚徘徊。

〔註108〕張添進：《破浪吟草》，（基隆市立文化中心，民國九十年十月初版），頁78。
〔註109〕張添進：《破浪吟草》，（基隆市立文化中心，民國九十年十月初版），頁75。
〔註110〕張添進：《破浪吟草》，（基隆市立文化中心，民國九十年十月初版），頁75。
〔註111〕張添進：《破浪吟草》，（基隆市立文化中心，民國九十年十月初版），頁81。
〔註112〕張添進：《破浪吟草》，（基隆市立文化中心，民國九十年十月初版），頁72。

煙花不語空餘怨，金粉留名劇可哀，此日江南徒倚櫂，傷心無復子山才。
〔註113〕

〈舟中生日感作〉
萍飄梗泊一孤舟，感我浮生似水鷗，楚地行來還越地，揚州夢過又蘇州。
願從鷁首三江泛，喜得鶯聲四海求，今日黃花猶未老，莫辭泥雪且優游。
〔註114〕

張添進於詩中展現主要的生命基調是哀傷、悽愴的，主要敘寫著對王朝轉瞬興亡的慨嘆，如「割據六朝猶夢寐」、「吳姬越豔今何在」；繁華易逝的感傷，如：「笙歌畫舫跡成灰」、「金粉留名劇可哀」；對歷史人物或神話人物的想望，如：「抑鬱知公死不甘」、「傷心無復子山才」、「底事多情龍女去，教人無自問湘娥」；對生命短促人生如寄的悵然，如：「人生似萍梗」、「淒涼孤客尚徘徊」、「萍飄梗泊一孤舟，感我浮生似水鷗」。

　　張添進從臺灣到大陸遊覽，原本是心靈的洗滌與轉換的旅程，本以為可寄情於天地之間，在山水之中得到慰藉，然而面對滿目瘡痍的家國，最終只能懷抱著無限的感傷與悲痛。

　　神州之行，本是藉山水豁暢胸懷，張氏無法在山林美景中超脫，反而觸景傷情，使得原來在外遊覽的張添進不時地思念起自己的家鄉。因而在旅途中留下了懷鄉之作，如：

〈中秋夜寓西湖〉其一
蒼茫十里水雲天，小艇浮沉弄管絃，羨煞嫦娥方對鏡，可憐我獨不團圓。
〔註115〕

西湖山水連天的蒼茫美景，伴隨著管弦悠揚的樂聲，原本應令人十分愜意。但詩人在中秋夜裡，對著月色，有著離鄉流連在外地的感觸，因而說「可憐我獨不團圓」。

其二
團圓處處祝中秋，攜酒湖山作勝遊，千里家鄉同此月，清光應為照離愁。
〔註116〕

〔註113〕張添進：《破浪吟草》，（基隆市立文化中心，民國九十年十月初版），頁74。
〔註114〕張添進：《破浪吟草》，（基隆市立文化中心，民國九十年十月初版），頁79。
〔註115〕張添進：《破浪吟草》，（基隆市立文化中心，民國九十年十月初版），頁73。
〔註116〕張添進：《破浪吟草》，（基隆市立文化中心，民國九十年十月初版），頁73。

中秋佳節，詩人不能免俗的「攜酒湖山作勝遊」，然而「千里家鄉同此月」，
共此嬋娟，詩人還是思念起家鄉，興起離愁「清光應為照離愁」。這些懷鄉
之作，都可以看出張添進雖在旅途之中，卻免不了想念起家鄉的一切。懷鄉
的愁緒既然常縈繞於心中，旅途走到了終點，張添進便搭船返鄉回到了故鄉
「基隆」，在歸家的途中，在臺灣海峽上，張添進也為這此次的旅行，寫詩
以紀念：

> 〈舟過台灣海峽〉
>
> 櫓聲帆影夢魂迷，秋水蒼茫夕照西，滄海歸心催浪急，家山極目暮雲低。
>
> 二千里路留鴻爪，五十光陰健馬蹄，料得騷壇諸舊雨，隔宵相見索吟題。
>
> 〔註117〕

全詩表現出詩人對家鄉的思念。「滄海歸心催浪急」一句表現出詩人的歸心
似箭。「二千里路留鴻爪」詩人在自己的心中，為這次旅遊的留下了痕跡。
「料得騷壇諸舊雨，隔宵相見索吟題」恐怕隔天回到家鄉，這次旅遊會成
為詩壇吟友們談論的話題，騷友們也會爭相索取詩作及詩題。由上面的詩
句，可以看出「詩」對於張添進的重要，歸鄉的途上，念念不忘的還是「詩」。

　　無論紀錄當地風光、描寫山川景色、敘寫家國憂思、抒發個人情懷，都
是張添進詩作的內容，可以得知詩在張添進的生命佔了舉足輕重的地位。

三、《壯棄齋吟稿》之詩作題材

　　民國九年，張添進前往大陸遊覽，親眼目睹當時中國內憂外患的情形，
悲憤激昂回到了故鄉基隆，返臺後餘恨未了，與詩壇的騷朋吟友終日唱和，
將個人積鬱的情志寄託於詩作當中，民國十六年（昭和二年，1927）張添進
將此時期的詩作匯集而成了《壯棄齋吟稿》。

　　《壯棄齋吟稿》的內容，雖然有部分收錄了騷壇吟友往來應和之作，但
張添進個人的詩作，都充滿了對時局的不滿及個人的感傷，以詩言志的心懷，
可見一斑。除了寫詩諷世外，張添進個人的詩作不時透露著隱遁及佛教的思
想，可看出張添進生命情調的轉變。以下就由詩歌內容的來論張添進自大陸
歸來後，其詩作的題材及表現。

〔註117〕張添進：《破浪吟草》，（基隆市立文化中心，民國九十年十月初版），頁82。

（一）對異族統治的不滿

張添進的詩作，悲哀的傾吐出被殖民者的悲哀，法律的不公平、制度的不完整、對臺人的壓迫，這些對異族統治不滿的心聲，張添進都只能藉由詩來發洩。如〈籠中鳥〉便道出那種受壓迫的心聲：

〈籠中鳥〉

雕籠久住感難勝，自惜翩翩羽翼輕。弱肉終歸強者食，世無公冶莫徒鳴。

〔註118〕

詩中以籠中鳥的情形來暗喻自己的處境，「自惜翩翩羽翼輕」一句也說明了詩人「明哲保身」的選擇。「弱肉終歸強者食」道出殖民政府對人民的壓迫及被殖民者的無奈。末句「世無公冶莫徒鳴」，以世上已無公冶長能通鳥語來暗喻身為被殖民者即使苦不堪言，也無人能幫忙。詩中反映了被殖民者痛苦的心聲。

〈睡仙〉

欹枕蓮蓮夢自溫，玉京不厭往來煩。何關傍榻他人鼾，一覺來時世尚昏。

〔註119〕

熟睡的時候，在夢中在天帝居住的地方往來，醒來後才發現原來是南柯一夢。「一覺來時世尚昏」醒來後發現身處的時代依舊是動盪不安的濁世。詩人藉詩來表達時局的昏暗及對仙境的嚮往。

（二）寄情於詩酒之間

紛擾的政局，被殖民者的悲哀，不是張添進個人的力量能解決的，因此張添進與騷朋吟友飲酒、唱和以度日，但詩作當中卻不時充滿著對人生無常的感慨，如：

〈梅生兄招飲醉後賦此戲贈〉

久別不為悲，即唔不為喜，但道五年遙，如夢一彈指。我貌雖微朧，
卻增鬚鬢美，君亦老逾壯，成行多兒子。不覺捧腹笑，天尚憐窳齬，
寧可無樽酒，亟謝天憐意。一杯復一杯，癡態雖再擬。懵騰四目直，
窗外雨如矢。〔註120〕

〔註118〕張添進：《破浪吟草》，（基隆市立文化中心，民國九十年十月初版），頁86。
〔註119〕《詩報》，昭和六年十一月十五日，第二十四號，特編。
〔註120〕張添進：《破浪吟草》，（基隆市立文化中心，民國九十年十月初版），頁85。

這首詩明白地寫出詩人與老友重逢，藉飲酒以忘卻人間世的痛苦。分別五年
的光陰「如夢一彈指」，張添進、黃梅生都有了改變，歲月的流逝、春青不再，
卻還能與老友相聚，看著老友的兒子成行，不覺捧腹大笑起來，這就該謝天
了。只能一杯一杯飲著酒，看著窗外的雨。另外，張氏也有在詩中明白寫出
自己藉詩以抒懷的作品：

〈感事〉

成功何喜敗何悲，萬事人間未有涯，論過久勞賈生誼，同仇應得樊於期。

縱橫劍氣原難近，沉寂詩心任所之，且趁殘陽數飛鳥，亂雲檻外正離披。

〔註121〕

詩人在詩中明白的說出自己無法像刺客「樊於期」縱橫於刀劍，「沉寂詩心任
所之」卻能把自己的懷抱寄託在詩中，以詩遨遊於人間世。從上述所舉之詩
作可以發現：此時期張添進把自己悲憤的心情，寄託於詩酒之中。

（三）佛教、仙道語言的滲入

除來藉詩酒縱橫於天地之間，由於張添進感到生命的無常，詩作也開始
滲入佛教、仙道的語言：

〈歸來〉

遊倦歸來志力輸，眼前杯酒且歡娛，不憂生死且憂佛，世界花花夢自殊。

〔註122〕

詩中明白寫到詩人自大陸歸來後，以酒自娛。詩中有著若干的佛教思想。另
外，也有詩作提到因緣前定的思想：

〈三生石〉

重來忽聽牧童謳，知是精魂石上留，今日因緣欣再締，前生福慧喜雙修。

啟真頑骨能存性，本有靈心會點頭，從此不勞精衛力，一拳長自證千秋。

〔註123〕

「三生石」的由來，相傳唐代李源與僧人圓觀結為知己，圓觀臨終時與李源
約定，十二年後在杭州天竺寺相見。十二年後，李源在天竺寺前遇到一牧童，
牧童唱著竹枝詞，李源遂認出此牧童為圓觀。詩中除了引用到因緣前定的典
故外，也用到佛教「福慧雙修」的語言。

〔註121〕張添進：《破浪吟草》，（基隆市立文化中心，民國九十年十月初版），頁89。
〔註122〕張添進：《破浪吟草》，（基隆市立文化中心，民國九十年十月初版），頁85。
〔註123〕張添進：《破浪吟草》，（基隆市立文化中心，民國九十年十月初版），頁111。

（四）田園生活的嚮往

張添進身處於亂世之中，不滿於現實生活的狀態，卻又無力改變整個大環境。因此不免對結廬躬耕、歸園田居的生活有所嚮往。遂在詩中表現出對山居生活的傾心：

〈村居〉

習靜山陬養病身，村蔬風味勝清醇。納涼夜自聽流水，耐熱時還曝溼薪。

不下香魚溪上餌，寧修野兔藪中網。少陵茅屋長卿壁，淡薄生涯自有真。

〔註124〕

詩中描寫的生活無憂無慮，忘了喧囂，詩人藉著村居一詩描繪出心中理想的生活樣貌，這樣淡薄的生活自有「真」味。

從張添進的詩作可以看出他作詩風格的改變，由憂時憂民的心志，敘寫家國憂思，到後期選擇明哲保身，開始有了隱遁的思想，嚮往起佛教、仙、道及田園山居生活，詩作除了表明了詩人自身的選擇外，更反映出整個大時代對於詩人的影響。不管詩作的風格及個人生命情調如何的改變，詩在張添進的生命佔了舉足輕重的地位。

四、《破浪吟草》、《壯棄齋吟稿》詩作的特色

（一）以現代詞語入詩

時代的演進，國際間的交流，使得張添進在詩作當中，用了許多外來語及新名詞，可以看到他不避流俗、不忌今名的作法，詩作中用了許多現代的詞語。如：「眼鏡」、「電燈」、「汽車」、「一輪車」、「五香茶葉蛋」、「阿拉粥」等等。

（二）以內容而言，弔古傷今、影射時事，是「言志」之作

描寫山川景色、敘寫家國憂思、抒發個人情懷、紀錄遊覽風光，都是張添進詩作的內容，然而對蒼生百姓的同情、國家局勢的憂心卻是張添進詩作中最大的特色。尤其返臺後，張添進對當時政治時局多所顧慮，詩作之中多所用暗喻的方式，來呈現對殖民政府的不滿、對黎民蒼生的哀憐。張添進於詩中弔古傷今、影射時事，可說是以詩言志，表達了己身的情懷。

〔註124〕張添進：《破浪吟草》，（基隆市立文化中心，民國九十年十月初版），頁99。

（三）以形式而言，諸體兼備，但近體詩居多

　　張添進的詩作兼具諸體，古體詩、近體詩的作品都有所創作，但數量上仍以五、七言絕句、律詩為多，七言絕句、律詩為最多，也這是日據時期古典詩發展的普遍現象，但是張添進詩作充滿了真摯的情意，即使是擊鉢之作，也都能表現出個人情懷及節操，而非只重視技巧及格律。

第三節　保粹書房西席李燦煌與其記遊之作《東臺吟草》

一、李燦煌（1881～1944）生平傳略

　　李燦煌，字碩卿、石鯨，以字行。號秋鱗、退嬰、璞亭。原籍福建省永定縣人，歷代務農，後移居基隆市。先生幼年以孔孟之學為宗，博覽經史，尤以詩文獨樹一格。弱冠之年應望族林本源延聘教師，並擔任《臺灣日日新報》漢文版主筆，凡十餘載，聲名遠播全台。

　　李燦煌早年應基隆顏雲年與許梓桑之敦聘，擔任基隆最早的吟社「小鳴吟社」之西賓，同時也是瀛社社友。昭和六年，大同吟社創立，應聘為顧問。曾創設「保粹書房」，中歲以後，以講學授徒終其身，歷時三十載，受業者多達千餘人，其門下傑出弟子有：李建興、陳望遠、黃樹水、陳新枝、張鶴年、張振生、簡穆如、林耀西、姚德昌、李瑞標、李普同等諸位名士，當時可說稱雄於北臺騷壇，「保粹派」之稱因而不脛而走。

　　李氏除了為保粹書房之創立人，又設立月曜吟社以教導門下弟子習詩。對於基隆一地儒學、詩風的倡導可說不遺餘力，影響十分重大。但中歲以後，所有著作，皆秘而不刊，其詩文有《扶桑破浪吟草》、昭和七年與門下弟子李建興同遊東部臺灣而撰的《東臺吟草》及平居所作的詩文若干。除了著作《東臺吟草》，於昭和十四年（民國廿八年，一九三九）問世。其餘著作除登於報章之擊鉢詩外，如《扶桑破浪吟草》，皆未刊行。《東臺吟草》除可作為紀遊先聲外，可藉此一窺李燦煌的詩風。

二、紀錄東臺灣風光、風俗的《東臺吟草》

　　《東臺吟草》為李燦煌與門下弟子瑞三煤礦礦主李建興等人同遊東部臺灣之作。李燦煌在自序中提到：「遊願難償，韶華易過，山河迢遞，跋涉維艱，此古樂府所以高歌行路難歟。曩與及門家建興約遊東臺及隴西，至昭和七年

冬，遲遲十載始得。〔註125〕」從上述記載可以得知，李燦煌前往東臺灣旅遊的時間為昭和七年。

李燦煌曾說：「同人等慫付剞劂，藉為東臺介紹意亦良得，乃欣然應之，凡載筆東遊者，手一編當作引途老馬。〔註126〕」因此可知仔弟子的請託之下《東臺吟草》才得以刊行，可將其視為東臺灣紀遊的先聲。《東臺吟草》內容都為記遊、寫景詩，詩中描寫了東臺灣的風光，也有東部風俗呈現之作。

李燦煌在書中提到：「最樂而有趣者，則在花蓮、臺東之間，車中聽蕃歌一闋，同車有深諳番語者，為予譯意，其詞曰：『鹿兒走出來，距離太遠，真可惜。又在車中，思欲奮飛，苦無翼，手又無箭兒，負負徒呼射不得。』予聞之不覺心花怒開，吟興勃發，率爾草成百廿餘章。迴環自誦，終不及蕃歌之意高致雅，誰謂草昧之中，無文乎？〔註127〕」作者更是有意識的把原住民的歌謠轉化成自己的語言，把早期臺灣人民的風俗習慣做了紀錄。除了可視為紀遊之作外，《東臺吟草》是李燦煌唯一刊行的個人詩文集，可以藉以一窺李燦煌詩作的風格。

三、《東臺吟草》的詩歌內容題材

《東臺吟草》內容多為記遊之作，將東臺灣遊覽時，所見所聞所感一一記下，但以內容的呈現仍可區分為幾部分，筆者試著以詩作內容的題材以論其詩歌內涵及表現。

（一）地名的傳說及由來

李燦煌在東臺灣的旅途中，依序經過了花蓮、臺東等地。在途中聽到許多傳說、故事，如：秀姑巒溪、鯉魚山、貓子山、十六股等地名的由來，李燦煌把它化為成詩作，一一紀錄下來。這一類的詩結合了民間傳說、故事，不但饒富趣味，也間接記載了當地的開發情形，具有濃厚的地方色彩及鄉野風味。

〔註125〕李燦煌：《東臺吟草》，（國立中央圖書館台灣分館收藏，基隆保粹書房，昭和十四年印行），頁2。

〔註126〕李燦煌：《東臺吟草》，（國立中央圖書館台灣分館收藏，基隆保粹書房，昭和十四年印行），頁2。

〔註127〕李燦煌：《東臺吟草》，（國立中央圖書館台灣分館收藏，基隆保粹書房，昭和十四年印行），頁2。

〈秀姑巒溪〉

底事溪名號秀姑，此中或恐有仙妹，祇疑一飯胡蔴後，今古無人再識途。

〔註 128〕

詩人在詩中對秀姑巒溪的地名提出了猜測，認為此處曾經有仙女，詩中「祇疑一飯胡蔴後」似乎是脫胎自王昌齡〈題朱煉師山房〉中：「一飯胡麻度幾春」，遇到了仙人、入了仙境，因而忘卻了人間的歲月，全詩讀來很有神仙的色彩。

〈鯉魚山〉

山勢分明似鯉魚，疑從東海躍來初，錦鯉畢竟宜於水，願汝揚鰭返尾閭。

〔註 129〕

鯉魚山位於臺東。相傳鯉魚山是由兩條魚所化成的，從前每到入夜時分鯉魚山會自行移動。後來因為山中（魚眼的部份），藏著金銀財寶，荷蘭人前來挖走金銀財寶後，魚眼的部分便只剩兩個大窟窿，鯉魚失去了眼睛，就因此被固定在原地，無法再移動。詩中以鯉魚山的山勢，結合了鯉魚山地名由來的民間故事做出說明，最後並對這個民間故事做出了一番評論。

〈貓子山〉

誰把貓兒放此間，伺魚日久化為山，憐他身小魚偏大，攫取無能覓食艱。

〔註 130〕

詩中陳述貓子山的由來，是因為貓兒窺探魚兒，日久遂化為山。最後以戲謔的口吻「憐他身小魚偏大，攫取無能覓食艱」來與鯉魚山作一對比。全詩充滿了傳說的趣味。

〈十六股〉

冒險先行到海濱，停辛茹苦闢荊榛，東臺今日徵文獻，開物應推十六人。

〔註 131〕

〔註 128〕李燦煌：《東臺吟草》，（國立中央圖書館台灣分館收藏，基隆保粹書房，昭和十四年印行），頁 12。

〔註 129〕李燦煌：《東臺吟草》，（國立中央圖書館台灣分館收藏，基隆保粹書房，昭和十四年印行），頁 11。

〔註 130〕李燦煌：《東臺吟草》，（國立中央圖書館台灣分館收藏，基隆保粹書房，昭和十四年印行），頁 11。

〔註 131〕李燦煌：《東臺吟草》，（國立中央圖書館台灣分館收藏，基隆保粹書房，昭和十四年印行），頁 7。

十六股的由來，相傳是咸豐年間黃阿鳳，夥同十六個人，出資造船並募集壯丁二千二百餘人，創建了十六股庄。因此後人以黃阿鳳等十六人合夥的關係，做為此地的名字「十六股」。詩中李燦煌把當初十六股開闢的情形做出一番描述。

（二）當地氣候的描繪

除了地名的傳說及由來外，李燦煌在詩作中把花東、恆春一帶的四季如春的和煦天氣做出了描繪，如：

〈瑞穗溫泉〉

輕車載夢到山村，浴罷溫泉夜已昏，氣候東來和煦甚，秋深猶見綠陰繁。

〔註132〕

輕車載夢到了瑞穗、浴罷溫泉卻見暮色低沉，點出遊客出遊所見溫泉鄉瑞穗的景象，彷彿感受到愉悅的心情。「氣候東來和煦甚，秋深猶見綠陰繁」描述花蓮氣候和煦，即使是深秋季節綠陰依舊茂盛。

〈宿恆春城四首〉之三

終年不見雪花飛，冬日猶堪著暖衣，知否北方苦寒者，擁爐人尚怕霜威。

〔註133〕

詩中把恆春「冬日猶堪著暖衣」與臺灣北部「擁爐人尚怕霜威」的景象做出一對比，歌詠了恆春四季如春的氣候。然而，李燦煌卻也賦詩說花蓮港日夜的溫差極大，教後來的旅人注意自身的保暖：

〈宿花蓮港〉之三

晝靜常教五夜風，襲人海氣起匆匆，旅程衣被休疏忽，此地寒溫迴不同。

〔註134〕

（三）人文風俗的呈現

李燦煌在往來東臺過程中，將當地風俗及人文景象做出了紀錄，其中有關於煙草的種植及原住民喜好抽煙的風俗：

〔註132〕李燦煌：《東臺吟草》，（國立中央圖書館台灣分館收藏，基隆保粹書房，昭和十四年印行），頁9。

〔註133〕李燦煌：《東臺吟草》，（國立中央圖書館台灣分館收藏，基隆保粹書房，昭和十四年印行），頁9。

〔註134〕李燦煌：《東臺吟草》，（國立中央圖書館台灣分館收藏，基隆保粹書房，昭和十四年印行），頁6。

〈宿花蓮港〉之二

　　蕃人好吸淡巴菰，男女無分手一株，煙葉自栽還自捲，怪他條似火龍粗。

〔註135〕

「淡巴菰」為西班牙語 tabaco 的音譯，是一種菸草。花蓮一帶的原住民不但從事煙草的種植，製成香煙的程序也不假他手，不管男女都愛好抽煙。另外有描寫原住民的住宅的作品：

〈薄薄見蕃屋〉

　　竹片遮天木板牆，藤條編席作眠床，家家門後懸豬骨，朝夕殷勤禮瓣香。
　　蕃人猶未解倉儲，稻穗累累結滿盧，自愛攀援身手好，家家門外植棕櫚。

〔註136〕

由此詩作中可以看出來，早期原住民住宅的風格面貌。以竹片為屋頂，木材為牆。屋內用藤編成涼席為床，門後懸掛著豬骨，稻穗堆滿整屋。房屋外家家戶戶的門前種植了棕櫚樹。風俗方面則是早晚以香禱祝。除了煙草的種植與住所的描寫外，另有記載早期原住民「出草」的詩作：

〈木瓜溪〉

　　兩岸垂垂產木瓜，蕃人出草向人誇，男兒生要求牽手，砍得頭顱換美娃。
　　溪流儘日水潺潺，恐有兇蕃伏此間，行旅戒嚴如畏虎，此溪過後始生還。

〔註137〕

「出草」，是舊日臺灣原住民捕殺入侵者或獵取他族的人頭的習俗。事實上「出草」象徵自衛、勇敢，並具有宗教意義。詩中則把出草解釋為求偶的一種表現。李燦煌對旅途中不安的心情也表現在詩作之中。

（四）書寫當地風光景色

　　李燦煌將所見到的景致做出敘述，書寫當地風光景色，這類的作品有〈大濁水〉、〈米崙〉、〈水尾佛寺〉等等，以下茲錄數首作品：

〔註135〕李燦煌：《東臺吟草》，（國立中央圖書館台灣分館收藏，基隆保粹書房，昭和十四年印行），頁6。

〔註136〕李燦煌：《東臺吟草》，（國立中央圖書館台灣分館收藏，基隆保粹書房，昭和十四年印行），頁6。

〔註137〕李燦煌：《東臺吟草》，（國立中央圖書館台灣分館收藏，基隆保粹書房，昭和十四年印行），頁9。

〈卑南王故宮遺址〉

朝天酋長甚威風，賜錦榮歸更築宮，原上迄今存故址，鉅材化石草蒙茸。

〔註138〕

上述作品描寫卑南王宮遺址，從原來威風的酋長披錦榮歸，甚至蓋了宮殿，但繁華轉瞬間成雲煙，而今王宮的遺址猶在，卻早已經成了荒煙漫草的淒涼景象。詩中把昨日「賜錦榮歸更築宮」與今日「鉅材化石草蒙茸」的景象對了一映襯。今昔對比，頗有物是人非之感。

〈米崙〉

十里縱橫長綠蕪，不分冬夏秀平鋪，洪荒造就飛行所，便與航空憩海隅。

〔註139〕

米崙，是美崙的舊稱。早年不論季節，長滿遍地茂生的亂草，因而開闢成「飛行所」，「飛行所」是外來語，日語機場的意思。詩中除了可以看到美崙原先的景貌，可以看到作者在詩作中使用外來語的情形。

〈水尾佛寺〉

地軸東來適半途，觀音於此疊跏趺，後山古跡斯為最，二百年前漢族無。

〔註140〕

李燦煌在詩作中把水尾的地勢作了描述，詩句中「跏趺」是梵文，佛家語，指的是盤腿而坐。「觀音於此疊跏趺」一句把水尾的山勢作了很優美的描寫，留給後人很大的想像空間。

（五）行旅中偶發的感觸

李燦煌在旅行東臺灣的期間，不但用詩紀錄了當地的風光景色、人文風俗、氣候、地名的傳說、由來，也用詩寫下行程中的交通方式或是一些偶然的見聞、偶發的感觸，更為這次旅程增添了幾分趣味。

〔註138〕李燦煌：《東臺吟草》，（國立中央圖書館台灣分館收藏，基隆保粹書房，昭和十四年印行），頁11。
〔註139〕李燦煌：《東臺吟草》，（國立中央圖書館台灣分館收藏，基隆保粹書房，昭和十四年印行），頁6。
〔註140〕李燦煌：《東臺吟草》，（國立中央圖書館台灣分館收藏，基隆保粹書房，昭和十四年印行），頁10。

〈車中望龜山口占〉

　　車中往龜山，分明龜昂首，忘卻在奔輪，轉疑龜驚走。〔註141〕

詩作中把龜山的地勢做了陳述，「分明龜昂首」龜山的山勢彷彿是隻昂首的龜。
詩人顧著看風景，忘了車子正奔馳向前，一瞬間還產生了龜山自己移動的錯
覺。詩中充滿了趣味，把那種專注瀏覽景色而忘情的神色做了相當傳神的描
寫。

〈璞石閣中聽蕃歌〉

　　車中忽爾聽蕃歌，重譯翻來興趣多，一闋自成天籟好，新腔動我感如何。

　　前山鹿出忽狂吟，大友登場角逐心，怪底連聲呼負負，身無羽翼不能擒。

　　生涯射獵久成風，入耳歌聲迴不同，逐鹿雄心降未得，腰刀空按手無弓。

　　出口成歌命意奇，風騷壇坫莫言詩，孰云草昧無文化，古調偏藏沒字碑。

　　〔註142〕

李燦煌在書中說：「最樂而有趣者，則在花蓮、臺東之間，車中聽蕃歌一闋。
〔註143〕」他認為此次旅途中最有趣的，就是路經璞石閣所聽原住民唱歌，還
請了翻譯說明原住民歌中之意，李燦煌聽完翻譯的說明後，因而心花怒開，
詩興大發，信手拈來，將所聽到原住民的歌謠轉化成自己的語言，並用詩作
紀錄下自己所聽到的歌謠及自身的感觸。

〈白魚入船戲作〉

　　此行祇為作清遊，底事飛魚入我舟，若道錦鱗不解意，何因偏著老人頭。

　　〔註144〕（黃靖卿君一行最老，魚著其頭。）

「白魚入舟」原來是指武王渡河，白魚跳到船上，後來成為用兵必勝的象徵。
詩中的白魚一躍，不但躍入了李燦煌一行人的船上，還碰巧碰撞到同行中黃
靖卿的頭，這裡李燦煌對同行了黃靖君開了一個玩笑，因而題為戲作，讀來
趣味橫生。

〔註141〕李燦煌：《東臺吟草》，（國立中央圖書館台灣分館收藏，基隆保粹書房，昭和
　　　　　十四年印行），頁5。

〔註142〕李燦煌：《東臺吟草》，（國立中央圖書館台灣分館收藏，基隆保粹書房，昭和
　　　　　十四年印行），頁11。

〔註143〕李燦煌：《東臺吟草》，（國立中央圖書館台灣分館收藏，基隆保粹書房，昭和
　　　　　十四年印行），頁2。

〔註144〕李燦煌：《東臺吟草》，（國立中央圖書館台灣分館收藏，基隆保粹書房，昭和
　　　　　十四年印行），頁12。

四、《東臺吟草》詩作的特色

（一）可以觀風察俗

李燦煌在詩作中有意識地將當時東臺灣的風俗、人文景象一一記下，也為當時原住民的風俗習慣做了紀錄，此類的詩作保存了當地的民情風俗，使後來的讀者藉以觀察昔日花東一帶住民的生活習慣。

（二）諸體兼備，以七絕為多，但李氏擅長古風

《東臺吟草》一書以詩歌體裁而言：七言絕句有一百零三首、五絕三首、七律三首、五律四首、七言古詩五首、五言古詩一首、歌行體一首，在數量上可說是以七絕為主。但值得注意的是，杜仰山在序言中提到：「就其平居著作甚富，古近篇什無體不備，而尤擅古體，殆其天份始然。〔註145〕」由上可知，事實上李燦煌最擅長的體裁是古體詩，只是現今所存李氏著作多為擊鉢詩《東臺吟草》的內容也多半為近體詩。

（三）意到筆隨，言語淺白

由於《東臺吟草》為記遊之作，將旅遊中所見所聞或特殊的趣事，常常是李燦煌詩興大發、信筆捻來之作，因而全書可說是言語淺白，意到筆隨。

（四），不避方言、俗語，也滲入外來語

書中不避方言、俗語，也採用了外來語，如：「飛行所」、「淡巴菰」、「迦羅」、「莫斯科」等等。

第四節　側身商旅的詩人陳讚珍及《敝帚室集》

一、陳讚珍（1887～1948）生平傳略

陳讚珍，基隆早期商場名人，亦是一位名詩人，字仲璞，泉州惠安人，弱冠來基，得族叔兆齊薦引，側身商場。九一八事變後，陳氏歇業回鄉，後以局勢轉弛，再攜眷住基，開設陳泉泰行。好吟詩，善貨殖，是位亦儒亦商成功者。陳讚珍先生於從商之餘，與陳其寅先生是同族親，又以詩文同好成為摯交，互為切磋，詩作不少，作品成集，題為《敝帚室集》傳世。

〔註145〕李燦煌：《東臺吟草》，（國立中央圖書館台灣分館收藏，基隆保粹書房，昭和十四年印行），頁1。

　　《敝帚室集》一書之得名，陳讚珍在書中說：「今人譏口不擇言謂敝帚，古人則以自珍愛者，曰千金敝帚，余所寫作，每自知其無價值，而竟自愛以為之，故以敝帚室集名之，亦不知擇言之敝帚，抑千金敝帚，一笑。〔註146〕」因而可知陳讚珍以「敝帚自珍」來命名他的詩文集，態度十分謙虛。

　　《敝帚室集》的刊行日期雖是民國五十五年，但察其收錄的詩作，大部分都是光復前所作，因而仍歸為日據時期的詩作。而《敝帚室集》的內容主要可以分作卷上文編，卷下詩編，以下只論詩編部分，主要以詩歌的題材、內容將其分為「詠史詩」、「詠懷詩」、「記遊詩」、「詠物詩」、「時事詩」、「應酬詩」六類，由於「應酬詩」部分主要為詩社擊鉢之作品，不另行討論。分類的方式或許未妥善，但主要藉以觀其詩歌主要的內容及詩歌中所展現之精神。

二、《敝帚室集》的詩歌題材內容

（一）詠史詩

　　詩人所創作的詠史詩，是以歷史事件或人物為題，詩人筆下的詠史詩多半帶有一份對歷史悵然的情懷，或藉詩歌題材以論古諷今。詩人選擇題材的角度，都主觀的抒發了個人的情志，可以在詩作中感受到詩人的思想感情。

　　陳讚珍在《敝帚室集》裡的詠史詩一共有十八首，分別為：〈穎考叔〉、〈管仲〉、〈百里奚〉、〈介之推〉、〈伍員〉、〈范蠡〉、〈虞卿〉、〈荊軻〉、〈秦始皇〉、〈漢高祖〉、〈張良〉、〈韓信〉、〈嚴光〉、〈屈原〉、〈魯仲連〉、〈李陵〉、〈杜甫〉。從陳讚珍所歌詠的對象來看，以臣子將相、豪傑志士或品德清高之人為主要的焦點，值得注意的是陳氏筆下所詠的詩人分別有〈屈原〉、〈杜甫〉，陳氏藉在詩作中流露出深切的感慨，正反映了陳氏所處的時代。以下選擇幾首詠史詩，來嘗試分析了解陳讚珍於詩中之所託。

　　　〈管仲〉

　　　圖霸扶齊賴遠謀，相君功業著千秋，懷才何幸逢明主，用世遑論事舊仇。

　　　糾合諸侯看攘楚，獨成伯業在尊周，只憐未去豎貂輩，禍患徒增身後憂。

　　　〔註147〕

〔註146〕陳讚珍：《敝帚室集》，（基隆陳泉泰行，民國五十五年一月），卷上，頁17。
〔註147〕陳讚珍：《敝帚室集》，（基隆陳泉泰行，民國五十五年一月），卷下，頁37。

管仲，春秋齊國潁上人。初事公子糾，後事齊桓公為相。尊周室，攘戎狄，九合諸侯，一匡天下。在《論語》中，孔子對管仲稱讚不已：「管仲相桓公，霸諸侯，一匡天下，民到于今受其賜。微管仲，吾其被髮左衽矣！」陳讚珍筆下「懷材何幸逢明主」的管仲，推行尊王攘夷，成就了齊桓公的大業，說明了管仲不悲其身將死，而憂其國之衰，臨終前告誡齊桓公的事不可親近「豎刁、易牙、開方」等人，詩中直述「只憐未去豎貂輩，禍患徒增身後憂。」說明桓公還是並未接納管仲告誡之事，管仲只是增添了己身的憂慮罷了。

〈介之推〉

> 從亡曹衛感途窮，割股療飢獨效忠。返國致君愧言祿，隱綿偕母見高風。
> 堪嗟狐趙貪功輩，不與夷齊操節同。底事解揚太饒舌，介山爇火忍重瞳。

〔註148〕

介之推，春秋時晉國隱士。從晉文公出亡，歷經各國十九年，曾割自己的腿肉熬湯，獻給晉文公。返國後，文公賜祿不及，介之推亦不求功名，與母隱於綿山，文公屢次尋求不得，希望能焚山逼出介之推，介之推竟不出而焚死。詩中明白的推崇了對介之推高潔的人品。

〈伍員〉

> 吹簫乞食入吳門，為報父兄切齒冤，雪恨鞭屍當日事，不忠非孝在人言。
> 胥山憑弔空今古，吳苑縱橫化沼園，惆悵行成越國諫，夫差賜劍忍重論。

〔註149〕

伍員，字子胥，春秋楚人。與父兄俱仕楚，後楚王聽讒言殺其父兄，遂逃亡吳國，輔佐吳國，伐楚報仇，並輔吳國稱霸。吳王夫差滅越後，欲釋越王句踐回國，不聽伍子胥的勸告，而信讒言而殺之。詩中將伍子胥入吳，到吳王夫差賜劍，做出一連貫平實的描述。

〈秦始皇〉

> 並吞六國具雄圖，畢竟須臾國亦無，萬里長城終不改，卅年帝業總堪吁。
> 版圖易色端由漢，社稷淪亡豈自胡，坑士焚書果何用，徒教後世笑庸愚。

〔註150〕

〔註148〕陳讚珍：《敝帚室集》，（基隆陳泉泰行，民國五十五年一月），卷下，頁38。
〔註149〕陳讚珍：《敝帚室集》，（基隆陳泉泰行，民國五十五年一月），頁38。
〔註150〕陳讚珍：《敝帚室集》，（基隆陳泉泰行，民國五十五年一月），頁39。

詩中說明秦始皇併吞六國的雄圖大業，俄頃便已改朝換代為漢，在歷史的洪流中轉瞬成空。對秦始皇「焚書坑儒」的暴政，也做出了譴責，就是「徒教後世笑庸愚」。

另外，陳讚珍所歌詠的對象，除了豪士將臣外，在詩人部分，分別有屈原跟杜甫兩人。屈原是愛國詩人，曾做左徒、三閭大夫，楚懷王時，遭靳尚等人毀謗，被放逐於漢北，於是作離騷表明忠貞之心；襄王時被召回，又遭讒而流放，最後投汨羅江而亡。

〈屈原〉

　　楚騷詞悱惻，天問憤難平，絕世忠君國，滔滔託濁清。〔註151〕

此詩將屈原悲憤難平，為國擔憂的形象作出一番陳述，屈原忠君愛國的情操，依然只能「滔滔託濁清」。

〈杜甫〉

　　艱難悲世道，入蜀獨行吟，國破山河在，殊情自古同。〔註152〕

杜甫，祖籍湖北襄陽，字子美，號少陵，有詩聖之稱。唐代詩人。官至左拾遺、工部員外郎，故被稱為杜工部，在政治上始終不得志，由於安史之亂，中年後過著坎坷流離的生活，杜詩中常反映出當時的社會動亂及民不聊生的情形，因此有詩史之稱號。然而陳讚珍以「國破山河在，殊情自古同」兩句道出自己和杜甫一樣身處亂世，面對滿目瘡痍的山河，懷抱著同樣的情感。

從上面的分析，可以發現陳讚珍在這些詠史詩中，大部分先陳述了歷史人物生平的經歷與功績，再對歷史人物做出批評，表達了他的思想及好惡，在他批判這些歷史人物的同時，都呈顯出他的個性與志節。

（二）詠懷詩

這一類的詩作，主要以內容為據，只要內容上比較偏向抒發陳讚珍個人的情感思想，呈現出個人生命情調。不論是抒發個人情懷、書寫家國憂思、表現生命的悵然，都涵括在此詩類中。

〈歸家不果感作〉

　　萬里蓬飄利欲求，鄉關世事一悠悠，十年故我憐家累，四海依人愧壯遊。

〔註151〕陳讚珍：《敝帚室集》，（基隆陳泉泰行，民國五十五年一月），卷下，頁39。
〔註152〕陳讚珍：《敝帚室集》，（基隆陳泉泰行，民國五十五年一月），卷下，頁40。

親舍有懷頻入夢，行裝未定暗生愁，幾番極目江邊櫂，遊子天涯感不休。
〔註153〕

陳讚珍是縱橫商場的商人，原是泉州惠安人，弱冠得族叔陳兆齊薦引，來基隆開設商行，因而在詩中呈現出對家鄉仍念念不忘的情感。更是深刻描繪出飄蕩在外的遊子對家書的盼望：

〈盼家書〉

骨肉經年別，悠悠兩地心，至親今道阻，天性獨情深。

客緒多千轉，家書抵萬金，郵筒何處滯，應不付浮沉。〔註154〕

陳讚珍雖側身商場，卻不為名利所羈絆，對人生存有著自己的哲理與看法。〈根觸吟〉一詩，陳讚珍難掩悲哀地便把對商場上的炎涼世態、爭名逐利的悲哀作出一番描述，詩中認為世間榮華富貴的短暫就像夢一般，又何苦終日勞碌追逐虛名，此詩也表達陳讚珍對生命的態度及看法。

〈根觸吟〉

世間富貴都如夢，功業長守未易期，怪底大夢人誰覺，爭名逐利嘆蚩蚩。

試看烏衣門巷舊，鼎鼎聲望噪一時，商業權威首指屈，一蹶誰知難復持。

賓客昔日幾如市，門可羅雀此朝垂，世態炎涼直若此，雪中送炭更有誰。

顧我利場非失意，歲月玩愒每自悲，看他矻矻恆終日，蒔花養魚豈志怡。

擁篲支頤自捫首，侘傺終日已可知，吁嗟世人徒勞碌，蝸角虛名果何為？

〔註155〕

又有：

〈感事〉

四十年前舊燕巢，烏衣門巷認依稀；淒涼誰話滄桑事，愁看紛紛浪蝶飛。

〔註156〕

此詩彷彿脫胎自「舊時王謝堂前燕，飛入尋常百姓家」，對於人世間變幻的滄桑與無常作出了無限的感慨與哀思。上述詩作是陳讚珍個人的情懷與生命的態度。

〔註153〕陳讚珍：《敝帚室集》，（基隆陳泉泰行，民國五十五年一月），卷下，頁1。
〔註154〕陳讚珍：《敝帚室集》，（基隆陳泉泰行，民國五十五年一月），卷下，頁10。
〔註155〕陳讚珍：《敝帚室集》，（基隆陳泉泰行，民國五十五年一月），卷下，頁13。
〔註156〕陳讚珍：《敝帚室集》，（基隆陳泉泰行，民國五十五年一月），卷下，頁29。

陳讚珍因商務從泉州來到基隆，當時大陸正是軍閥割據的時期。軍閥割據的亂象、動盪不安的時局，陳讚珍用詩表現出對家國的憂思：

〈雙十節感懷〉

劇憐南北久操戈，莽莽中原陷戰禍，洪水橫留誰挽障，黃花死難士空磨。

縱甘民族淪奴隸，未是河山付逝波，國破匹夫同有責，時艱蒿目淚痕多。

〔註157〕

「劇憐南北久操戈，莽莽中原陷戰禍」顯示出當時大陸正處於軍閥割據的時期，詩中把軍閥的亂戰與黃花岡烈士的犧牲作出對比，映襯出軍閥為了個人的私心，使得國家陷入動盪不安的局勢中。最後，並說明「國破匹夫同有責」，可以看出陳氏愛國情志。

（三）記遊詩

陳讚珍雖側身商場，在閒暇時也曾前往旅遊，接近山水、陶醉於自然的懷抱中，因而寫下了所謂的遊覽詩、記遊詩，描寫出於行旅中的美麗風光及當時恬淡自得的心境：

〈礁溪歸途〉

礁溪五月喜風涼，有客徘徊到是鄉。浴罷溫泉消晝永，歸來驛路正昏黃。

田中閣閣蛙聲起，山際濛濛雨意將。最是隔宵留未得，山靈莫笑太倉皇。

〔註158〕

雖然，此次遊覽礁溪的行程僅有一天，但是在詩作中仍看到陳讚珍十分享受沐浴於溫泉的愜意，聽著田間蛙鳴、踏著暮色歸來的情景，將閒適的心情躍然於紙上。除了礁溪旅遊，陳讚珍曾前往於基隆的社寮島遊覽：

〈遊社寮島〉

社寮渡口巨橋通，此際更無繫短篷；散策欲來探勝境，古蕃字洞暮煙籠。

〔註159〕

社寮島是今日基隆的和平島。陳讚珍曾前往遊覽，並記敘了當時社寮島的風光景色。

〔註157〕陳讚珍：《敝帚室集》，（基隆陳泉泰行，民國五十五年一月），卷下，頁4。
〔註158〕陳讚珍：《敝帚室集》，（基隆陳泉泰行，民國五十五年一月），卷下，頁14。
〔註159〕陳讚珍：《敝帚室集》，（基隆陳泉泰行，民國五十五年一月），卷下，頁14。

（四）詠物詩

詩人以物為創作主題，除了描寫出物的各種姿態，有時也用象徵、比興等各種技巧來表達詩人內在的情懷、志節，陳讚珍所作的詠物詩數量極少，以〈夜來香〉最能代表陳氏個人的生命情調：

〈夜來香〉

不向群葩鬥豔姿，一枝搖曳月明時，惱人最是宵夜後，陣陣香風撲鼻吹。

〔註160〕

夜來香，「不向群葩鬥豔姿，一枝搖曳月明時」，與陳讚珍雖側身於商場上，卻不追名逐利的情操不謀而合，詩中除了歌詠夜來相的姿態外，亦可視為陳讚珍對生命的態度，或許是陳氏另有所託，以花自喻。

（五）時事詩

陳讚珍所處的時代主要是清末日據之際，期間遭遇第二次世界大戰。由於當時基隆市區遭受戰火波及、屢遭戰機轟炸，詩中有許多關於戰爭的時事詩，有目睹防空壕的開築、有躲空襲警報時的驚懼害怕，甚至有描寫連日豪雨把待避壕的衣箱給淹沒的慘狀。陳讚珍的詩作對戰爭的殘酷有深入的描寫，清楚描繪出百姓對於戰爭懼怕、恐慌、無奈的心情。

〈步高砂公園見防空壕開築有作〉

古木鬱參差，莽蒼值清曙，狂風掠地來，啾唧流松鼠。嗟彼原微韻，
巢傾穴可處，皎兔日營營，終輸得其所。感茲人生事，悵悵自無語，
放眼望海天，風雨一舟阻。〔註161〕

高砂公園是基隆詩人及民眾常選擇的集會地點，原來是一片古木參差，林蔭茂盛的美景，林間還有松鼠遊戲。而今卻因戰事開挖防空壕，陳讚珍因而感到人生無常。戰雲密布，大戰即將展開之際，政府明文規定了疏散的規定，陳讚珍卻感到再三猶豫，妻子除了取笑他的不智，最後說道：「樂土養天界。」對於心中嚮往的樂土只能祈禱上天賜予。

〈疏開猶豫有感〉甲申

戰雲日瀰漫，防空勢所至，為政苦心多，鑿壕勸待避。我意獨皇皇，

〔註160〕陳讚珍：《敝帚室集》，（基隆陳泉泰行，民國五十五年一月），卷下，頁31。
〔註161〕陳讚珍：《敝帚室集》，（基隆陳泉泰行，民國五十五年一月），頁17。

　　　　一窟艱營備，聒喋起山妻，笑我何不智。疏散有明文，詎可失交臂，

　　　　萬一誤因循，後悔轉憂悸，行矣勿躊躇，樂土仰天畀。〔註162〕

防空壕開築後，緊接著便是戰事的展開，陳讚針用詩做沉述對警笛響起之際倉促逃難的心情，：

　　〈警笛〉

　　　　警笛一聲鳴，待避繼響應，鳶飛去已遙，驚魂猶未定。〔註163〕

全詩陳述空襲警報響起，民眾避難的情形。詩中的「鳶」是戰機的代稱，只見當時空襲警報一響起，民眾爭先恐後逃到防空濠裡，而空襲警報解除後，詩人驚魂未甫的感覺仍存在，足見當時民眾驚懼的神態。此詩雖是短短五言絕句，卻把害怕的心情做出了忠實的陳述。

　　敵機轟炸市區，當時無辜民眾遭殃遇難者何止千百人，原先對於躲在待避壕還抱著遲疑心態的詩人，只能不得已避難到待避壕裡：

　　〈待避壕〉

　　　　待避壕，速計畫，敵機縱橫朝復夕，機聲轟轟事掃射，民家無辜遭
　　　　其厄。罹災何止累千百，顧我慘澹斯壕闚，壕長一丈深五尺，兩家
　　　　老少計十人。待避從容無偪側，我聞自古有巢氏，教民架屋記伊始，
　　　　如何世界文明日，野居穴處更復爾，科學世紛稱發展，人類競爭成
　　　　天演，戰術紛紛恣逞奇，道德無視終難免，君不見都市巨樓宇，一
　　　　炬可憐化焦土，又不見農村諸部落，射擊頻頻失耕作，吁嗟禍始自
　　　　伊誰，鐵鑄六州已成錯。〔註164〕

長一丈深五尺的待避壕，需要容納十個人，詩人直言待避壕空間的狹小，依舊只能躲在其中以求保命。詩作中對戰爭作出了反諷，認為科學文明的進步，只加速了人類的競爭，各種戰術的手段不斷地改良，卻罔顧生命，連基本的道德都喪失。原來高樓林立的都市、鄉下的農作物，都在敵機的轟炸下，須臾間就化成焦土。詩中譴責了戰爭，反映出當時人民躲避空襲悽慘的情景。

〔註162〕陳讚珍：《敝帚室集》，（基隆陳泉泰行，民國五十五年一月），頁24。
〔註163〕陳讚珍：《敝帚室集》，（基隆陳泉泰行，民國五十五年一月），頁25。
〔註164〕陳讚珍：《敝帚室集》，（基隆陳泉泰行，民國五十五年一月），卷下，頁26。

〈待避壕成衣箱藏署其中，連日豪雨如注水深過膝，衣箱盡濕因成一律〉

雨師晝夜苦涔涔，待避壕流沒脛深，木板飄搖堪過渡，衣箱蕩樣付浮沉。

也知失馬非為禍，可奈飛鷹合戒心，極目愁雲猶暗淡，明朝未卜是晴陰。

〔註 165〕

待避壕一遇到豪雨便淹水，水深及膝，陳讚珍的衣物箱的衣物不但全濕，甚至還飄浮在濁水之中。詩人在這種情形下還安慰自己「也知失馬非為禍」，但面對避待壕裡這種景象，仍不免感到哀傷的愁緒，不但盼望晴天的到來，希望戰事結束的心情也不言而喻。

〈日本宣佈投降喜賦〉

倭夷聞道已投誠，廣播傳來喜莫名。自分身伴俘虜客，不期眼看乞降盟。

窮兵黷武神人怒，敵愾同仇義憤生。抗戰八年齊努力，重光國土盡懽聲。

〔註 166〕

從廣播中傳來日本的投降，真正宣告了戰事的結束。詩人心中義憤填膺，再度譴責了戰爭，對國土收復不再為日本的殖民地，感到歡欣鼓舞。

三、《敝帚室集》詩作的特色

（一）以內容而言，反映時事，抒發個人情懷

陳讚生側身商場，不但善於貨殖，也愛好吟詩，是位亦儒亦商的詩人。陳讚珍的詩作以反映時事、抒發個人情懷為主。詩作中充滿了對蒼生百姓的同情、國家局勢的憂心，對名利榮華虛無及世態的炎涼亦多所描繪。並深入的描寫了百姓在戰爭時避難的驚懼、恐慌、無奈，除了反映時事，更抒發了個人的情懷。

（二）以形式而言，諸體兼備，但近體詩居多，也擅長於樂府

陳讚珍的詩作兼具諸體，樂府詩、古體詩、近體詩的作品都有所創作，雖然數量上仍以五、七言絕句、律詩為多，但可以發現《敝帚室集》中樂府詩的創作數量也不在少數，這一點是與當時詩人極為不同的。

〔註 165〕陳讚珍：《敝帚室集》，（基隆陳泉泰行，民國五十五年一月），卷下，頁 27。
〔註 166〕陳讚珍：《敝帚室集》，（基隆陳泉泰行，民國五十五年一月），卷下，頁 27。

第五節　基隆詩人著作中的共同特色

《文心雕龍　明詩》云：「人稟七情，應物斯感，感物吟志，莫非自然。」四時的流轉，個人的遭遇，家國的大事，往往使詩人有主觀的感受，激發出詩人吟詠的情感。

基隆詩人的詩作主要有好幾種類型，一種是以詩社為主所作的擊鉢詩，主要以詠物或寫景為主，其中作品不乏佳作，雖然時人常詬病擊鉢詩僅為為作詩而作詩，甚至言其為「詩界的妖魔」，但客觀的來說，日據時期詩社的集會，為當時文人互通聲息的方式，正是詩「群」的功能。顏雲年二次舉行詩人大會，除了開臺灣詩人大會的先驅，《環鏡樓唱和集》、《陋園吟集》的編纂，主要收錄集會時所作擊鉢吟，但網羅了當時名士的作品，可說佳作如林。

另外，由於政治情勢緊張，詩人怕被牽累，不敢直接在詩中吐露心聲，因而寄情於山水，遨遊於天地間，將所見的自然風光一一寫出，並將當時所見之風俗作一紀錄的作品，主要以李碩卿的《東臺吟草》為代表。

張添進《破浪吟草》、《壯棄齋吟稿》；陳讚珍《敝帚室集》中就表現了詩人對國家時勢的憂心，對生命的感懷，有數量眾多感懷之作，可說是以詩言志，藉詩表達了己身的情懷。

雖然上述四家詩人的詩集有著不同風格，但其共通的特色如下：

一、就詩歌表現形式與體裁而言

（一）以形式而言，諸體兼備，但近體詩居多

基隆詩人的詩作兼具諸體，不管樂府詩、古體詩、近體詩的作品都有所創作，但數量上仍以五、七言絕句、律詩為多，七言絕句、律詩為最多，這是日據時期古典詩發展的普遍現象。雖然詩人陳讚珍與李燦煌擅長於樂府詩及古體詩的創作。但綜觀而言，數量上還是以近體詩的作品為最多。

（二）講求技巧、平仄格律，但情意真摯

擊鉢吟詩是當時基隆詩人作品中共通的部分，擊鉢吟以競賽為主，因此十分重視技巧與格律，但是基隆詩人的作品中，詩作充滿了真摯的情意，即使是擊鉢之作，都能表現出個人情懷及節操，而非只重視技巧及格律。

二、就語言藝術及內容特色而言

（一）以現代詞語入詩、不避俗字、外來語

李燦煌與張添進的作品中不避方言、俗語，採用了外來語，如：「飛行所」、「淡巴菰」、「迦羅」、「莫斯科」等等，也有許多現代的詞語，如：「眼鏡」、「電燈」、「汽車」、「一輪車」、「五香茶葉蛋」、「阿拉粥」等等。都可以看見詩人不避流俗、不忌今名的作法，與黃遵憲「我手寫我口，古豈能拘牽」的理念相近。

（二）賦、比、興兼用，而詩中常用「比」，暗喻自身遭遇

基隆詩人的詩作都反映時事，以寫作手法而言，賦、比、興所佔比例並無太大懸殊，但遇有抒發個人情懷為主，尤其針對殖民政府表示個人的不滿時，為求謹慎，多採用暗喻的方式，而不直接明言。

（三）多書寫時事，表達對國家、社會、人民的關心

基隆詩人的詩作中普遍充滿了對蒼生百姓的同情、國家局勢的憂心，有對時人的奢侈，如以金石贈妓提出針砭，對追求榮華富貴及世態的炎涼的情形亦多所諷刺。除了反映了當時的時事、民風，藉此抒發了個人的情懷，可說以詩言志。

三、價值與意義

（一）紀錄人文風俗、社會面貌

不管是舉行詩人大會的空前盛況，或是記載著當時礦業的活動、發展及淘金的熱潮、教育制度的不公平，詩作中都把將日據時期新聞時事、社會活動、人文發展做了最詳實的紀錄，使得後人得以藉此了解當時的社會面貌及人文風俗。

（二）自然風光的展現

整體而言，基隆詩人的詩作對於北部臺灣與東部臺灣，如：環鏡樓、陋園、基隆、九份、瑞芳、礁溪、花蓮、臺東的風光多所描寫，書寫基隆的山川景致，留下了動人的詩篇，勒出基隆海天風光、地理氣象、庭林名園的面貌，並紀錄了鄰近地區的風景名勝的景緻。

第六章　光復後至今的基隆地區 古典詩發展

第一節　光復後至今的古典詩壇概況

　　基隆古典詩社的發展在日據時期達到巔峰的狀態，由於日據後期基隆地區受到第二次世界大戰戰事波及，詩社紛紛停止運作，沿續到光復後仍有運作的詩社僅有「復旦吟社」、「大同吟社」。民國三十八年，中樞遷臺，大陸人士中有許多碩學鴻儒，如于右任、賈景德等人常親自參與藝文活動，基隆地區詩社結合了這股力量，產生了不同的面貌，例如隨政府播遷抵基的公務員因喜好詩學所成立的海風吟社。

　　基隆古典詩壇在光復後的重要活動有：民國四十二年，基隆市長謝貫一於詩人節舉行詩人大會；民國四十八年己亥上巳，由基隆市長謝貫一假中正公園主辦的修禊活動，當時蒞臨基隆詩壇的大老有：于右任、賈景德、張昭芹、李洪嶽、錢逸塵、尹薪農、毛一波等數十位。由大同吟社陳其寅社長與詩人畫家陶芸樓接待。民國四十九年庚子上巳修禊於紫薇山莊。

　　民國五十七年，臺北市、臺北縣、基隆市、宜蘭縣、花蓮縣、臺東縣等六縣市詩人成立東北六縣市詩人聯吟會。民國五十八年、六十六年、七十年、七十六、八十六年都由基隆主辦東北六縣市詩人聯吟會。除了古典詩的創作外，有計畫地培訓詩詞吟唱與各吟社互相交流，更開創了基隆古典詩的新局面。

詩社出版的刊物方面，主要以詩社集會時所收錄的詩作為主，如《丁未年基隆大同吟社擊鉢吟錄》、《大同吟社詩人聯吟會詩草》；基隆市詩學研究會的《海門擊鉢吟集》等等。

筆者將光復後迄今的基隆地區詩社做一簡表，以時間為順序，簡述當時基隆詩社集會情形：

光復後基隆地區古典詩社簡表

詩社名稱	成立時間	結束時間	其他紀要
復旦吟社	昭和元年（一九二六）	不詳。約民國五〇年代。	
大同吟社	昭和六年（一九三一）	民國九十一年	1、民國八十五年因第二任社長陳其寅逝世曾中斷五年，九十年由陳德潛接任社務，九十一年底陳氏赴日社務停止。 2、先後出版《丁未夏季基隆大同吟社擊鉢吟錄》、《大同吟社》第一、二、三次詩人聯吟會詩草。
海風吟社	民國四十二年	不詳。民國五〇年代左右	1、曾出版刊物《海風詩壇》創刊號。 2、社址在基隆義二路的覺修宮。
雙春吟社	民國六十一年	迄今	出版《雙春詩詞選集》至第三集。
基隆市詩學研究會	民國六十八年	迄今	1、籌備時（民國六十五年至六十八年）已先行出版《海門逸韻》詩集一冊。 2、出版《海門擊鉢吟集》至第四集。

一、光復後基隆的古典詩社

（一）復旦吟社

昭和元年創立的復旦吟社與昭和六年創立的大同吟社，成為基隆市跨越日據時期的兩大詩社，社務運作持續至光復後。日據後期，復旦吟社的社長顏受謙由於忙於事業，又逢時局丕變，為避其鋒，詩社活動遂減少。但今日可檢閱到的資料只有刊登於《詩報》昭和十一年，慶祝復旦吟社十週年慶所作的詩作「話雨」。

另外根據《基隆市志》的說法可知，光復後，每逢五月五日詩人節，復旦吟社與大同吟社，都舉行詩會。光復後，復旦吟社偶有小集，只是無法恢復舊有的規模。而復旦吟社最主要停止運作的原因是社長顏受謙歸故鄉桃園大溪，並任桃園縣議員，在社長顏受謙過逝後，詩社完全停止運作。

（二）大同吟社

昭和六年創立的大同吟社，日據時期詩人集會與活動十分頻繁，與全臺各詩社與詩人的聯絡亦十分熱烈，從《詩報》上刊登可知大同吟社至昭和十七年，即使在大戰爆發後的日據末期，依舊維持著社務運作，都未曾中斷。民國三十四年冬，首任社長許梓桑逝世後，社員共推陳其寅繼篆社務。

光復後，大同吟社社務持續運作，是基隆詩壇最活躍的詩社。〈詩文之友〉、〈中華藝苑〉等期刊都收錄當時大同吟社集會或徵詩的詩作，足見其活動之頻繁。大同吟社第二任社長陳其寅於大同吟社四十周年之際，賦詩紀念：「弘揚詩教慕前賢，四十年來志不遷，忍憶艱虞談往事，卻欣光復見青天。斐亭旨趣情猶在，復社精神老益堅，至幸鷗盟臻白首，相扶文運廓吟緣。〔註 1〕」陳氏於詩中說明了弘揚詩教、維持詩社運作的理念。民國八十五年，大同吟社第二任社長陳其寅逝世，大同吟社社務即告停頓。民國九十年，再由陳其寅次子陳德潛接任第三任社長，民國九十一年九月由於陳德潛赴日擔任大學教席，社務再告停頓。

大同吟社由創社（昭和六年）至民國九十一年，創立達七十年之久，對基隆古典詩歌貢獻良多，社員參加全國性聯吟會，以詩會友。民國五十八年由基隆大同吟社主辦東北六縣市詩人聯吟會，更使大同吟社聲名遠播。大同吟社對基隆藝文的推動及維繫古典詩壇，影響極為重大。

（三）海風吟社

海風吟社創立於民國四十二年春，主要成員為隨政府播遷抵基的公務人員，他們秉著對詩學濃厚興趣，共同組創「海風吟社」。社址在基隆市義二路覺修宮，社員共推計進一為社長，王超一為副社長，皮俊元為總幹事。並聘請詩人畫家陶芸樓為顧問，並出版《海風詩壇》的創刊號。海風吟社最主要停止運作的原因為社員各自忙於公務，社務遂告中斷。

（四）雙春吟社

根據《基隆市志》所載：「雙春吟社，創立於民國六十一年秋，原為基隆長春俱樂部（退休人員之組織）所屬詩詞組，與公職退休後詩友共組吟會，每月以聚餐方式輪流召開聯吟會一次，並定詩課命題。直至民國七十三年甲

〔註 1〕陳其寅：《懷德樓文稿》卷八，（基隆市文化基金會出版，民國八十一年七月），
　　　頁 359。

子歲逢雙春雙雨,遂定名為『雙春吟社』。詩友有陳軼珍、姜惕生、易中達、王篤生、黃漢英、周蘋仙、許景文、陶一經及已故康達可、王幼芝、吳錫瑞。海疆寄跡,劫後餘生,由於緬懷鄉國,其作品多屬思鄉憂國之情。該社於七十四年冬議定,每隔五年編印《雙春吟草》詩集行世。〔註2〕」雙春吟社初期人員多為公職退休人員,第一任、第二任社長分別是姜惕生、陳軼珍,現由易中達接任第三任社長。並出版刊物《雙春詩詞選集》至第三集。

(五)基隆市詩學研究會

　　基隆市詩學研究會正立成立時間為民國六十八年十一月四日,根據《雨港古今詩選》所述:「基隆市詩學研究會之成形,應溯源自民國六十五年冬,由邱天來詞兄倡導,邀集多位雅好詩詞同仁,利用夜間,每周一次,鑽研詩學。……於是群議組會,旋呈基隆市政府核准,以『基隆市詩學研究會』名義成立,遂於民國六十八年十一月四日,假仁愛區民眾服務站,正式成立。〔註3〕」第一、二屆理事長公推為邱天來擔任,並敦聘大同吟社社長陳其寅、基隆詩家周植夫、陳祖舜為顧問。第三、四屆理事長由魏仁德擔任;第四、五屆為蔣孟樑;第七、八屆為黃國雄擔任,迄今第九屆理事長為陳欽材。出版刊物有:《海門逸韻》、《海門擊缽吟集》至第四集及《雨港古今詩選》。

　　基隆市詩學研究會為使社員在詩藝上互相切磋,延聘名詩人周植夫擔任教席,每周一課,主講王漁洋詩、東坡詩、劍南詩等等,民國八十四年,周植夫老師猝逝後,由邱天來師擔任教席,迄今每周一課,講授四書、宋詩、杜詩等,並與基隆社區大學結合開設古典詩之課程及講座,亦於詩人大會中親自指導學生作詩,其提攜後輩的奉獻精神令人感佩。

　　除了古典詩歌的創作外,基隆市詩學研究會並曾籌組吟詩班,力主以「吟聲帶動詩風」。並應基隆市立文化中心的「把詩詞之美吟出來」並與文化中心合辦數次詩人大會,柬邀全國各詩社,詩人參加吟詩競賽的場面可說盛況空前,為基隆地區古典詩歌傳承開啟新局面。

〔註2〕丘逢甲:《嶺雲海日樓詩鈔》,(臺北臺灣銀行經濟研究室,臺灣文獻叢刊第70種,民國四十九年八月初版),頁93。

〔註3〕陳兆康、王前:《雨港古今詩選》,(基隆市立文化中心出版,民國八十七年八月),陳兆康序。

二、光復後基隆詩壇的重大活動

光復後詩壇的活動以舉辦的規模而言,主要可以分為三種,第一種為全國性詩人大會的舉行;二為縣市性詩人大會的舉行(後期輪值的縣市未更改,但均柬邀全國詩人參加);三為地方性詩社之聯吟,如鼎社的續辦。藉由了解詩人大會的舉行,得一窺當時基隆古典詩壇的面貌,以下就依序討論這三種詩人大會:

(一)全國性詩人大會的舉行

從大正元年顏雲年「環鏡樓」落成,舉行落成吟宴大會,開全臺詩人大會之濫觴,日據時期詩人們便舉行全島型的詩人大會的活動。光復後,每年端午節(詩人節),舉行詩人節慶祝大會,有全國性,地方性,分別在各縣市名勝古蹟之地舉行,基隆詩人參與的情形都十分踴躍,大會主席由于右任、賈景德擔任。除了詩人節外,也有於上巳所舉行的修禊活動。

由基隆舉辦的全臺詩人大會有:民國四十二年詩人節,由基隆市市長謝貫一所舉辦全臺詩人聯吟大會;民國四十九年,己亥上巳,於中正公園的修禊活動;民國四十九年歲次庚子上巳於紫薇山莊的修禊。以下收錄四首民國四十九年己亥上巳修禊活動之詩作,以見詩人參與活動之盛況:

〈己亥上巳基隆海濱修禊〉 賈景德

秉蘭女士望滄瀾,水擊三千敞大觀。渳被應憐溱洧小,騁遊喜見海天寬。

東征霖雨情何寄,西笑逢人事已難。山色難籠無限好,謝公墩上更聯歡。

〔註4〕

賈景德,字煜如,號韜園。山西沁水人。前清進士,歷任政府要職,考試院長。擔任台灣詩壇社長,與于右任主持歷年全國詩人大會,宏揚詩教,功不可沒。

〈基隆公園春禊謝貫一市長柬集賦酬〉 鍾槐村

休驚塵垢紛天下,要辦昭蘇運掌中,回夢鶯聞三月暮,挐空獅吼百川東。

視猶王序憐今昔,式是謝墩止風雨,羈老十年趁歸詠,江山遊騁晚霞紅。

〔註5〕

〔註4〕丘逢甲:《嶺雲海日樓詩鈔》,(臺北臺灣銀行經濟研究室,臺灣文獻叢刊第70種,民國四十九年八月初版),頁76。

〔註5〕丘逢甲:《嶺雲海日樓詩鈔》,(臺北臺灣銀行經濟研究室,臺灣文獻叢刊第70種,民國四十九年八月初版),頁76。

鍾槐村，原名才宏，又名伯毅，湖南藍山人，前清壬寅（光緒二十八年）舉人，曾任財政廳長，制憲槐村詩草。

〈己亥上巳基隆中正公園襖集賦上吟〉 張昭芹

曲水風流緬右軍，雞籠山色與平分，芳園妙集芸香客，蘭嶼新編襖敘文。

三日永和猶可繼，十年念亂不堪聞，所欣選勝遨頭健，得意吟邊瀹海雲。

上巳花明屐齒香，逍遙海上足清狂，叨從國老分茵席，要伴騷人劇詠觴。

數典渾忘新晦朔，興懷猶是舊行藏，落花芝蓋非無數，一樣杯來賦射堂。

〔註6〕

張昭芹，字魯恂，晚年號卷蓏老人，民前三十七年生（一八七四）廣東樂昌人，為庚子，辛丑併科舉人。黨國元老中，詩文造詣有相當高的意境。治學嚴謹，以宋儒理為依歸，有詩集薪夢草堂詩。

〈己亥海濱修襖〉 錢逸塵

豬年何處哭春鶯，寇滿中原佛殉兵，盛會空追稽水序，避荒愁詠麗人行。

十年蝶館碑猶在，一醉僑園歲又更，今日被除都淨盡，海山小立過清明。

〔註7〕

錢逸塵，名傮，一字逸存，江蘇武進人，兩江師範畢業，曾任武進師範校長，國立浙江大學，藝專教授。

民國四十九年，參與基隆己亥詩人大會的詩人有賈景德、尹莘農、張昭芹等人。詩人大會的舉行，反映出當時國民政府播遷來臺後，政教大老對提倡詩教都不遺餘力。本島的詩人結合當時播遷來臺的詩人，使得光復後的詩壇形成另一股力量。如邱天來在臺北詩社座談會所云：「談到本省詩會之盛行，首先要歸功於于（右任）賈（景德）以及張純鷗三位，由於三位前輩登高鼓吹，以及各地熱心詩友，不惜物質、精神相互感召之效應，使得近十多年來各地召開之『全國聯吟大會』每年約連續辦十幾場，對弘揚國粹，丕振詩風，發揮極致。〔註8〕」說明當時詩風的興盛與政府提倡詩學有著密切的關係。

〔註6〕丘逢甲：《嶺雲海日樓詩鈔》，（臺北臺灣銀行經濟研究室，臺灣文獻叢刊第70種，民國四十九年八月初版），頁76。

〔註7〕丘逢甲：《嶺雲海日樓詩鈔》，（臺北臺灣銀行經濟研究室，臺灣文獻叢刊第70種，民國四十九年八月初版），頁77。

〔註8〕臺北市文獻委員會：〈臺灣詩社座談會紀錄〉，（臺北《臺北文獻》季刊（直字一二二期，民國八十六年十二月），頁14。

（二）縣市性詩人大會的舉行——東北六縣詩人聯吟會的創辦與輪值

除了全臺規模的詩人大會外，另有數各縣市所聯合舉辦的聯吟會，如中部五縣市、東北六縣市、南部七縣市的聯吟大會。在縣市方面的聯吟會，基隆地區便參與了「東北六縣詩人聯吟會」的輪值。「東北六縣詩人聯吟會」由台北市、縣、基隆市、宜蘭、花蓮、台東等六縣市詩人，於民國五十七年成立，依序輪流主辦。

民國五十八年，由基隆市首次主辦「東北六縣詩人聯吟會」，由大同吟社社長陳其寅主持，於雙十節假中正公園的佛教圖書館舉行；民國六十六年，第二次由基隆主辦，自本屆起東北六縣市詩人聯吟會便擴大為全國性的活動，但負責承辦的單位，仍是原來東北的六縣市。此次活動由基隆市詩人聯誼會會長張鶴年主持，於當年十月二日，假仁愛國小禮堂舉行；民國七十年，第三次輪值由基隆市詩學研究會理事長邱天來主持，於青年節，假光隆商職禮堂舉行；民國七十六年，第四次輪值基隆，由基隆市詩學研究會理事長蔣夢樑主持，於十一月七日假文化中心第一會議室舉行；民國八十八年，第六次輪值基隆，由基隆市詩學研究會理事長黃國雄主持，假中正公園舉行。

民國八十八年所舉辦的東北六縣市詩人聯吟會，以〈鱟港秋吟〉及〈燈塔〉為題，可說結合了基隆的鄉土特色。會場並有草屯玉風詩社、雙溪貂山吟社、北投大屯吟社、士林民間書院及基隆市詩學研究會等十四人作吟唱的觀摩及切磋。並請廖師一瑾演講「漫談臺灣傳統詩歌的過去、現在與未來」。以下茲錄數首詩以見其活動之盛大：

首唱詩題〈鱟港秋吟〉　天詞宗　陳木川、地詞宗　許漢卿、人詞宗　曾人口：

（元）天 73 地 85 人 98 計 256　　金山　王忠義

氣爽雞山菊豔時，征鴻影掠鱟江湄，一篇頓憶歐公賦，八首寧忘杜老詩。
欹枕厭聞蛋韻響，捲廉欣聽笛聲吹，今朝共賞聯吟會，獨愛秋風漢武辭。

（眼）天 89 地 93 人 71 計 253　　高雄　林欽貴

小陽載筆赴基隆，踐約題襟藻思雄，會繼龍山聯誼雅，鉢敲鱟港振騷風。
傳薪弘道尊尼父，報國匡時效放翁，佳日衣冠欣濟濟，元音磅礡震瀛東。

（花）天 60 地 74 人 91 計 225　　基隆　王富美

基津極目興無涯，颯颯商飆舞菊，雁陣唳空獅嶺外，鯨濤拍案鱟江湄。

丹楓霜染迷人眼，玉笛音揚動客怨，獨愛清風明月夜，高吟八首少陵詩。

〔註9〕

次唱詩題〈燈塔〉　左詞宗 臺東蔡元直、嘉義李明泰；右詞宗 宜蘭李舒揚、花蓮姚植　合選：

左元右〇　臺北　蔡君謙

千帆停鱟港，一塔插雲天，明滅勞長夜，風霜立百年。

浪淘古今月，火照去來船，海燕棲身穩，扶搖捲暮煙。

右元左〇　基隆陳祖舜

台築江城外，光茫射斗牛，明燈千里照，高塔百層幽。

南屹鵝鑾鼻，北臨雞籠頭，迷航憑指引，夜半濟臨舟。〔註10〕

　　東北六縣市詩人聯吟會的舉辦，也出版了相關刊物，不但呈現詩人大會的實況、專題演講、入選詩作等等，都留下了古典詩的文學史料，累積起來將會是龐大的研究資料，都可供後人觀摩習詩或研究。

（三）地方詩社的聯吟──重整旗鼓，鼎社的再出發

　　鼎社聯吟會，於昭和十一年十月（一九三六，民國二十五年），由九份奎山吟社、雙溪貂山吟社、基隆大同吟社，三社創辦。歷三年，再加入頭城登瀛吟社，分為四季輪值一次，但社名依舊。

　　二次大戰爆發後，基隆詩社大都停止運作，鼎社運做也告中斷。民國七十九年初由基隆詩學會、雙溪貂山吟社、宜蘭仰山吟社共商再締鷗盟，遂恢復舊觀，定每三個月輪辦一次。復會後，由基隆詩學會舉辦首次聯吟會，假嘉賓閣餐廳舉行，首唱〈鼎社重整旗鼓〉，次唱〈訂鷗盟〉。至民國九十二年二月，鼎社已舉辦第五十二次聯吟會，迄今各吟社仍繼續輪值主辦鼎社聯吟會。

〔註 9〕陳祖舜編：《東北六縣市擴大全國詩人秋之吟大會專輯》，（基隆市詩學研究會，民國八十八年十一月），頁 44。

〔註10〕陳祖舜編：《東北六縣市擴大全國詩人秋之吟大會專輯》，（基隆市詩學研究會，民國八十八年十一月），頁 60。

第二節　光復後詩人與詩作

一、詩人及詩作

（一）擊鉢吟的盛行及詩人作品

台灣光復以後，詩社活動延續著日據時期的遺韻，仍以擊鉢吟詩為集會時的主要方式。因此光復後擊鉢吟之新貌，消極看來已逐漸成以「吟詠為樂，奪元為榮」的詩風，然而，積極面來說詩社仍具有「啟發對於古典詩研習興趣，發揚詩學之光大」、「編纂詩學書籍」、「宣揚固有文化」等等的功能。以《基隆市志》所載光復後，擊鉢吟詩盛行主要的活動原因，有三項：

1、為入風雅之門，給習詩者之機會而開吟。

2、為詩社定期聚會課題而開吟。

3、為慶典及慶祝活動而開吟。

光復後，基隆地區活動頻繁且持續達十年以上的詩社有：跨越日據時期的「大同吟社」及民國六十八年的「基隆市詩學研究會」。茲摘錄大同吟社於光復後舉辦擊鉢吟如下，以觀當時詩社之表現：

　　大同吟社

　　〈港門秋曉〉　　左詞宗　張作梅、右詞宗　陶芸樓

　　　　　　　左元右十　　枝萬

　　海門開曙色，秋水點殘星，清氣來深院，寒聲落短亭。

　　霜侵雙鬢白，日映亂峰青，無限蓴鱸感，憑欄羨去般。

　　　　　　　右元左十二　雪樵

　　屴崱成排闥，紆迴一抹青，碪聲催落月，笛韻促殘星。

　　曙色開明鏡，波光映短亭，風雲嗟莫測，佇望出鯤溟。

　　　　　　　左眼右十一　春亭

　　雞嶼一峰青，丹楓露未零，棹歌催落月，波影亂殘星。

　　巨壑明如鏡，群山抱若肩，蒼茫煙靄外，霜雁落沙汀。〔註11〕

〔註11〕中華詩苑月刊社編：〈中華詩苑〉，（民國四十八年二月，總期五十號，九卷二期），頁45。

又：

大同吟社

〈大同吟社七十周年慶〉天詞宗 員林陳木川、地詞宗 田中呂碧銓、
人詞宗 竹南陳俊儒

　　　　第一名　天十三地二人三　　　基隆　王富美

年臻仗國幟飄空，社運蒸蒸慶大同；經讀興騷賡楚俗，樓登懷德振唐風。
元音磅礴吟魂壯，逸韻鏗鏘藻思雄；鱟港金華金谷宴，詩人雅繼石崇翁。

　　　　第二名　天三地十二人四　　　基隆　吳玉書

大同吟社幟飄揚，七十年來翰墨香；醒世宏宣興禮樂，匡時廣佈振綱常。
道傳泗水絃歌朗，學盛基津藻思強；一線斯文文欣有繼，今朝慶典醉千觴。

　　　　第三名　天九地十五人二　　　木柵　陳琳濱

盛會欣逢共舉觴，缽敲七秩韻悠揚；獅峰高卓旌旗聳，鳳藻常題翰墨香。
社創大同賡兩晉，詩吟絕調繼三唐；斯文未喪狂瀾挽，再振風騷日月長。

〔註12〕

　　光復後基隆地區詩社活動，主要仍以擊鉢吟為主，光復初期詩社選取的
題材所謂「寫景詩」、「詠物詩」、「酬贈唱和詩」為主。雖然擊鉢吟常遭人批
評，但基隆市詩學研究會第七、八屆理事長黃國雄曾云：「但鄙意卻以為不能
一概而論，據此而抹煞其功能，豈不聞十步之內必有芳草之喻。嘗披覽其中
佳構，見其諷諫處，有其詞嚴義正、浩氣凜然，讀之令人回味無窮，且其獨
具文藝潛然，能吸引後進參與風雅，各展其才華、共研其聲韻，藉以維護斯
文一脈之不墜，堪云居功良偉。〔註13〕」從上述話語可以看知擊鉢吟的價值
及意義都是多元的。

　　由於基隆詩人多半同時參加許多詩社，所以以下僅由〈中華詩苑〉、《雨
港古今詩選》、《基隆市文學類資源調查報告書》及詩人個人詩集著作，節錄
基隆詩人詩作來探討其詩作中的主要表現：

1、陳泰山

　　陳泰山，字神嶽。基隆人，生於一九一二，卒於一九八七，在台灣光復

〔註12〕大同吟社諸吟友：《大同吟社第三次詩人聯吟會詩草》，（基隆大同吟社印，民
　　　　國九十一年九月七日），頁4。
〔註13〕基隆市詩學研究會：《海門擊鉢吟集第四集》，（基隆詩學研究會，民國九十二
　　　　年九月二十八日），發刊詞。

前後，服務於台灣鐵路局達四十五年之久，曾任該局宜蘭運務段荐任副段長。為基隆名詩人陳祖舜老師的兄長，字神嶽，於日據時期，民國三十年代加入大同吟社。早年受其父陳庭瑞詩文薰陶下，為本市前輩名詩家，並常常攜帶小他十歲的二弟陳祖舜參加各地詩社的擊缽吟詩，耳濡目染，兄弟倆皆先後馳名於基隆騷壇，與其父齊名，被譽為「基隆詩學第一家」。

〈暮春蘭城訪舊〉

鶯老蘭城日，交情憶綈袍。盍簪來少長，擊缽振風騷。

酒泛春三月，霜侵鬢二毛。一年花事了，觸詠興猶高。〔註14〕

〈青梅〉

萬顆低垂水一涯，風翻翠色入寒齋。詩喉藉汝生津日，始信流酸味更佳。

〔註15〕

〈九日登高〉

振衣絕頂瞰瀛南，無限中興氣象涵。醉向天風聊一嘯，龍山指日繼幽探。

〔註16〕

2、呂漢生

呂漢生，原名傳溪，字杏洲，自署「靜寄書齋」主人，居本市中正路，後遷「覺修宮」，開辦私塾，學博詞宏，為詩沉潛工穩，為地方名士，民國四十七年逝世，年六十二。檢閱〈中華詩苑〉可以看到靜寄書齋的徵詩及課題的情形，除了基隆古典詩社外，私塾教導弟子習詩，成為基隆古典詩的另一股力量。

〈題笑山樓〉

不減元龍高百尺，登臨況值雨初晴。疏籬遠占春山好，曲檻常懸古月明。

萬卷詩書橫竹牖，半簾風露冷瓜棚。羨君樓畔芳園繞，朵朵葵花向日傾。

〔註17〕

〔註14〕陳兆康、王前：《雨港古今詩選》，（基隆市立文化中心出版，民國八十七年八月），頁87。

〔註15〕陳兆康、王前：《雨港古今詩選》，（基隆市立文化中心出版，民國八十七年八月），頁88。

〔註16〕陳兆康、王前：《雨港古今詩選》，（基隆市立文化中心出版，民國八十七年八月），頁88。

〔註17〕陳兆康、王前：《雨港古今詩選》，（基隆市立文化中心出版，民國八十七年八月），頁67。

〈甲午除日〉

幽齋庭畔一蒼松，閑處開門待鶴蹤，年老生涯求淡泊，途迂涉世慣疏慵。

笙歌日漸于人懶，詩酒時憎覺話重，春色惱人眠不得，抵嬴霜鬢為誰鬆。

〔註18〕

〈秋感〉

細雨斜風拂面涼，連宵吟侶集華堂。趨炎不慣諧塵世，從俗何妨醉玉觴。

作賦長門慕司馬，著書戰國羨公羊。匡時文字知無力，曷若幽居植柘桑。

〔註19〕

3、林金標

林金標，字占鰲，號竹庵，汐止鎮人，弱冠時定居基隆。年輕時，尤好吟詠，曾先後參加各大詩社：灘音吟社、大同吟社、瀛社，宏揚國粹。台灣光復後，自署春人，對擊缽吟更加鑽研，如同往昔，參加全臺詩人大會，文采風流詩譽遠播。民國六十七年卒，年八十五。

〈元宵〉

金吾弛禁漏三更，裙屐欣看不夜城。玉宇雲消輝月魄，天街燈燦爛瑤甃。

三千世界笙歌舞，十二樓頭簫管鳴。如此良宵多美景，家家歡樂慶昇平。

〔註20〕

〈小兒宏德、自強先後棄世，抱共痛西河情不能已爰以七律一章以誌悲感〉

數十年來恩愛深，瓊枝連折最傷心，弟兄先後歸真去，妻子晨昏夢寐尋。

抱痛西河悲永夜，追思萬里望遙岑，觀音為我空流淚，淨盡三災五福臨。

〔註21〕

〈基隆仙洞〉

古洞名仙未見仙，此中甲子不知年，丹崖萬仞擎天外，白塔千尋峙海邊。

〔註18〕陳兆康、王前：《雨港古今詩選》，（基隆市立文化中心出版，民國八十七年八月），頁78。

〔註19〕中華詩苑月刊社編：〈中華詩苑〉，（四十四年五月，一卷三期），頁14。

〔註20〕陳兆康、王前：《雨港古今詩選》，（基隆市立文化中心出版，民國八十七年八月），頁78。

〔註21〕陳兆康、王前：《雨港古今詩選》，（基隆市立文化中心出版，民國八十七年八月），頁78。

曾為避秦來隱遯，得看歸漢樂陶然，最宜消夏清遊處，彷彿桃源別有天。

〔註 22〕

4、陶芸樓

陶芸樓名暉，又名文輝，號冰翁，別署波羅密多龕生。浙江紹興人，後遷居基隆。為知名詩人畫家，兼擅書法、篆劍。曾任教育部美育委員，省文獻編纂，與名畫家馬壽華、鄭曼青等組織七友畫會。在民國二十六年，南京詩刊社為其出版《芸樓詩稿》，其著作有《芸樓詩稿》、《芸樓印存》。

〈雨後登基隆山有感〉

直上高層接太虛，摩空飛鳥亦同余。居依城市人將俗，眼放江天氣一舒。

〔註 23〕

浦外帆歸新霽後，村南葉動晚涼初。懷人千里添愁恨，望斷中原淚滿裾。

〈題楊汶嵐松瀑圖〉

千尺奔泉下碧峰，天風吹散雨雲濃。濡毫紙上生靈氣，知有蒼松欲化龍。

〔註 24〕

〈秋日感懷〉

芙蕖漸老晚香浮，零亂新愁不可收。餘力炎威強弩末，乘時涼雨滿城秋。

長卿自笑貧非病，賈傅沉憂志豈酬。窮達須臾俱幻夢，一盃相對更何求。

〔註 25〕

5、謝敏言

謝敏言，字達生，湖南湘陰人，民國三十八年抵台後，即在基隆市政府（時謝貫一市長）秘書室，直至屆齡退休。學識淵博，既擅詩詞，尤好聯語，著有《達生堂聯語》集。曾加入大同吟社，與前大同吟社社長陳其寅知交五十載，曾於九十三歲時，為陳其寅之著作《懷德樓文稿》撰序。為人敦厚、雅度宏襟，有君子之風，享高壽。

〔註 22〕陳兆康、王前：《雨港古今詩選》，（基隆市立文化中心出版，民國八十七年八月），頁 51。

〔註 23〕陳兆康、王前：《雨港古今詩選》，（基隆市立文化中心出版，民國八十七年八月），頁 50。

〔註 24〕中華詩苑月刊社編：〈中華詩苑〉，（四十四年七月，一卷六期），頁 7。

〔註 25〕陳兆康、王前：《雨港古今詩選》，（基隆市立文化中心出版，民國八十七年八月），頁 51。

〈于右老八十壽慶〉作於一九五八年

人物伊周足比肩，銀髯鶴骨品如仙；不惟大耋勳華煥，餘事猶能書法傳。

〔註26〕

〈賀陳曉齋詞老德配黃夫人榮膺基隆市模範母親〉作於一九五九年

基津市隱一高賢，詩思飄然得句妍，芸閣群經藏啟後，璇閨四德足光前；
關心同事憂時客，捧手相逢初夏天，歡聚曉樓酣醉酒，叨陪名士列星躔。

〔註27〕

〈題壽星圖〉

夫婦神仙六十年，月因雙壽故團圓。杯浮竹葉春難老，節勵松筠晚愈堅。
可喜桂蘭齊挺秀，且看桃李共爭妍。璇閨早釀期頤酒，舉案重開北海筵。

〔註28〕

6、應俠民

應俠民，字一鳴，浙江省平陽人，為允文允武的革命軍人。民國三十八
年隨政府播遷來台，以海軍上士退役，居本市暖區。公餘常喜好吟哦，加入
大同吟社及雙春吟社。

〈日月潭初泛〉

潭分日月絕纖塵，恍然桃源乍問津。雨後山光都抹黛，波中月色自翻鱗。
杵歌遙送心初醉，水調新賡韻亦神。自笑飄零無定跡，且從澄鏡證前因。

〔註29〕

〈戊戌變法六十年書感〉

荊公變法欲圖強，哲婦傾城竟召殃，深喜中原才獲鹿，詎知歧路又亡羊；
楚弓偶得天胡醉，湯網宏開運始昌，六十年來羅百劫，斯民塗炭不勝傷。

〔註30〕

〔註26〕陳兆康、王前：《雨港古今詩選》，（基隆市立文化中心出版，民國八十七年八月），頁109。

〔註27〕陳兆康、王前：《雨港古今詩選》，（基隆市立文化中心出版，民國八十七年八月），頁109。

〔註28〕陳兆康、王前：《雨港古今詩選》，（基隆市立文化中心出版，民國八十七年八月），頁109。

〔註29〕陳兆康、王前：《雨港古今詩選》，（基隆市立文化中心出版，民國八十七年八月），頁96。

〔註30〕陳兆康、王前：《雨港古今詩選》，（基隆市立文化中心出版，民國八十七年八月），頁96。

〈柳色〉

婆娑搖綠滿堤湄，風景依稀似昔時。陌上征人縈別恨，樓頭少婦繫離思。

描眉已負張郎筆，詠絮還爭謝女詞。他日歸來偕我隱，環門擁翠照吟卮。

〔註31〕

7、張添壽

張添壽，大同吟社創始人之一，字鶴年，又字季眉。民前九年生，卒年七十七，世居基隆市。日據時期，曾師事李燦煌，鑽研詩詞古文，尤工擊缽吟；另又專精書法。台灣光復後，曾任台北瀛社副社長。

〈春日暖暖水源地即景〉

境似桃源信不虛，萬花爭放樹扶疏。山坳牛臥芳茵外，田陌鵝遊刈稻餘。

蘚剝荒碑猶露篆，池盈飲水豈無魚。盤桓半日塵襟靜，安得幽棲此結廬。

〔註32〕

〈遊基隆大沙灣〉

嵐影波光遠接天，行吟盡日未言旋。沙明曲岸人披網，潮滿長堤客泊船。

遺墓草青埋斷碣，高臺砲冷剩荒煙。無心重問前朝事，且逐閒鷗戲水邊。

〔註33〕

〈獅嶺懷古〉

舊跡獅球景色佳，白雲猶自匝青崖，賞心曠宇開生面，極目滄江動古懷。

史上銘傳功未沒，塚中孤拔恨難埋，回思抗法前朝事，國步艱難力可排。

〔註34〕

8、計進一

計進一，字笠雪，別號「匡廬餘子」，江西廬山人，少時曾遊名山大擇，窮經博學，詩書畫皆能。曾隱廬山修道，精通玄法。迨大陸變色，隻身出奔，

〔註31〕陳兆康、王前：《雨港古今詩選》，（基隆市立文化中心出版，民國八十七年八月），頁96。

〔註32〕陳兆康、王前：《雨港古今詩選》，（基隆市立文化中心出版，民國八十七年八月），頁98。

〔註33〕陳兆康、王前：《雨港古今詩選》，（基隆市立文化中心出版，民國八十七年八月），頁98。

〔註34〕陳兆康、王前：《雨港古今詩選》，（基隆市立文化中心出版，民國八十七年八月），頁98。

經香港渡台，飽經憂患。居基隆，出任公職，公餘教授諸生詩畫，桃李盈門，並組海風詩社，出版詩刊。晚年體衰，退居山房靜養，卒年八十五。

〈山居〉

年夢初殘日正長，暖風時送豆花香。不知紅了櫻桃否？隔院芭蕉綠過牆。

〔註35〕

〈垂釣〉

一竿風雨託吟身，釣遍滄浪萬斛春。太息神州淪落後，江湖多少未歸人。

〔註36〕

9、陳軼珍

陳軼珍江蘇省沭陽縣人，享年九十三歲。是雙春吟社第二任社長。

〈春興〉

又是春歸大地時，無邊煙景物華滋。杏花湮潤朝含露，楊柳風和日弄姿。
南陌踏青晨放犢，東籬藝菊夜敲詩。此情常自成追憶，落葉回根會有時。

〔註37〕

〈清明〉

東風送暖綠蓬瀛，拂柳探花越野行。祭祖遙揮遊子淚，懷鄉怕聽杜鵑聲。
邊陲信息經年至，海角龍鐘逐步驚。寶島春歸三十六，人生能有幾清明。

〈新秋〉

浪跡蓬萊四十秋，自由生活樂悠悠。金風乍起怯殘暑，山雨頻臨解旱憂。
晚睡為迎當戶月，晨興散步舞林丘。綠衣人送專函至，好友詩來誦不休。

10、周蘋仙

周蘋仙，湖南衡陽人，民國六年生，曾任教長、科長、主任、秘書等職。

〈月下放歌〉

有誰悟得枯亦榮，有誰高枕夢常清。有誰萬里長風一帆輕。有誰歷

〔註35〕陳兆康、王前：《雨港古今詩選》，（基隆市立文化中心出版，民國八十七年八月），頁100。

〔註36〕陳兆康、王前：《雨港古今詩選》，（基隆市立文化中心出版，民國八十七年八月），頁100。

〔註37〕陳兆康、王前：《雨港古今詩選》，（基隆市立文化中心出版，民國八十七年八月），頁151。

盡坎坷氣猶平，君不見高大門閣一夕空，又不見今日落花昨日紅。
塵世茫茫窮與通，萬古浮生一夢同。惟有江上清風山間月。取之不
盡用不竭，天公憐我長浪跡，許作江山吟風弄月客。〔註38〕

〈歸燕〉

曉日溪山暖，風翻海燕飛。穿花嬉玉露，掠水弄緇衣。
領略閒中趣，渾忘世上機。呢喃疑笑我，羈老不思歸。〔註39〕

〈遣懷〉

樓栖方外地，花木小經營。翠岫雲猶畫，芳村雨復晴。
江流山倒影，風散鳥吟聲。俯仰微塵裡，幽懷得氣清。〔註40〕

12、姜惕生

姜惕生，字國光，別號浪叟，江蘇阜寧人。對傳統詩學鑽研四十載之久，
詩學造詣頗深，另外對「謎學」也有濃厚興趣。

〈思鄉〉

遙念家鄉北望頻，每逢佳節倍思親。音書隔絕情難轉，骨肉團圓願未伸。
海峽遲棲亡命客，天涯飄泊未歸人。可憐夜夜還鄉夢，仍是蕭條老病身。
〔註41〕

〈肅貪〉

萬惡歸宗起一貪，若經牴牾罪難堪。前程斷送風雲險，仍是蕭條老病身。
祖上貽羞聞笑罵，獄中愧悔怯心慚。肅清全仗公權力，莫令秋曹法失戡。
〔註42〕

〈五月榴花紅〉

榴裙甘拜仰芳容，多少英雄苦戀中。蕊綻不爭桃杏豔，花香偏與艾蒲同。

〔註38〕陳兆康、王前：《雨港古今詩選》，（基隆市立文化中心出版，民國八十七年八
　　　　月），頁154。
〔註39〕陳兆康、王前：《雨港古今詩選》，（基隆市立文化中心出版，民國八十七年八
　　　　月），頁155。
〔註40〕陳兆康、王前：《雨港古今詩選》，（基隆市立文化中心出版，民國八十七年八
　　　　月），頁156。
〔註41〕陳兆康、王前：《雨港古今詩選》，（基隆市立文化中心出版，民國八十七年八
　　　　月），頁125。
〔註42〕陳兆康、王前：《雨港古今詩選》，（基隆市立文化中心出版，民國八十七年八
　　　　月），頁125。

珊瑚形象逞嬌態，瑪瑙編排鬥晚紅。每屆端陽萉怒放，騷人遣興詠高風。

〔註43〕

13、羅鶴泉

羅鶴泉，名福泉，以字行。原籍福建雲宵，家居基隆已四世。歲十餘，孑身遊學中國，遍歷東南名勝，卒業於上海持志文學系，喜文史，執教馬來西亞十載，後以東師南侵，馬來淪陷，遂挈眷避地山居，未嘗一傍權貴之門。台灣光復後歸國，設華年文史補習班，於本市愛七路，教十年如一日，專授文史，桃李成蹊，望重士林。

〈游瑪陵阮〉

中秋重九儘無詩，默默秋懷祇自知。不意馬陵阮道上，群山為我展愁眉。

〔註44〕

〈草嶺虎字碑〉

歸來草嶺已三登，俯瞰龜山一點青。虎字殘碑經百歲，游人不識劉明燈。

〔註45〕

〈登雞籠山〉

島北原推第一山，山高二聳白雲間，五來不感吟身倦，路自崎嶇意字閒。

〔註46〕

14、林文彬

林文彬，字征鴻，世居基隆市忠三路，精金石，以刻印為業。才華卓越，曾參加復旦吟社，嗣遷北市改業婚紗禮服店，依舊與基津詩友唱詩賡酬，力倡鼎社復會，不惜支援，後任中國詩經會副理事長，垂老遍遊大陸名山勝水，詞鋒益銳。民國八十二年去世，享年八十三。

〔註43〕陳兆康、王前：《雨港古今詩選》，（基隆市立文化中心出版，民國八十七年八月），頁125。

〔註44〕陳兆康、王前：《雨港古今詩選》，（基隆市立文化中心出版，民國八十七年八月），頁134。

〔註45〕陳兆康、王前：《雨港古今詩選》，（基隆市立文化中心出版，民國八十七年八月），頁134。

〔註46〕陳兆康、王前：《雨港古今詩選》，（基隆市立文化中心出版，民國八十七年八月），頁134。

〈春日謁武侯祠〉

丞相祠前客駐車，出師二表工咨嗟。人來頂禮春三月，句覓低思手八叉。
隱隱鐘聲傳有韻，巍巍塔影淨無譁。當年割據懷忠烈，深禱英靈護漢家。

〔註47〕

〈夏日郊遊〉

相從鷗伴向郊坰，拂面薰風宿酒醒。濯足無心臨水渚，放懷有意入山亭。
春歸處處蛙聲鬧，夏至滔滔麥浪馨。沉李浮瓜前輩事，蜻蜓款款共忘形。

〔註48〕

〈秋雨催詩〉

飄落吳江日，霏霏濕角巾。中天何慘淡，大地頓清新。
歷劫霜侵鬢，聯歡酒入唇。催詩窗外雨，為我洗囂塵。〔註49〕

15、周枝萬

周枝萬，基隆市暖暖人，苦學自修，性好詩文，嗜書成癖。大半生懸壺濟世，傳道授業，淡泊名利，不求榮貴，為中國傳統典型的「儒醫」最佳風範。

〈王宮漁火〉（民國五十一年七月參加彰化縣八景徵詩，經評選為第一名獎）

風定王宮雪浪平，漁燈點點雜星明，短篷漏影紅霞似，遠水涵光白練成。
鯤海微茫波萬頃，鷗江隱約月三更，潛魚難避罾中火，滿載，歸來喜氣盈。〔註50〕

〈橫貫公路〉　民國五十年全國詩人大會作品「橫貫公路」經評選為「文壇奪錦」

車通中市誇千古，路接東臺鑿萬峰；疑是神工兼鬼斧，也如復國策羅胸。

〔註51〕

〔註47〕陳兆康、王前：《雨港古今詩選》，（基隆市立文化中心出版，民國八十七年八月），頁103。
〔註48〕陳兆康、王前：《雨港古今詩選》，（基隆市立文化中心出版，民國八十七年八月），頁103。
〔註49〕陳兆康、王前：《雨港古今詩選》，（基隆市立文化中心出版，民國八十七年八月），頁103。
〔註50〕廖穗華主編：《耆宿懷雞籠》，（基隆市立文化中心出版，民國八十一年），頁49。
〔註51〕廖穗華主編：《耆宿懷雞籠》，（基隆市立文化中心出版，民國八十一年），頁49。

16、周水旺

周水旺住基隆七堵區南興路，民國三十四年起服務基隆市港務局，任課員，六十二年退休，之後參加基隆市詩學會，師承陳祖舜，晚年在家以吟詠為樂。為人篤厚，為詩平穩，尤好書法，八十六年秋謝世，享壽八十有四。

〈元宵觀燈遊基隆〉

節迓觀光淑氣融，春燈欣賞到雞籠。彩輝大地三更白，焰勝中元萬盞紅。
射虎技精來雅士，舞獅陣壯鬥英雄。港都遊遍韶華麗，永繼鰲山韻事隆。

〔註52〕

〈詠離騷〉

美人蘭芷比儀型，楚些遺篇付汗青。哀郢三閭昭碩德，沈湘五日弔英靈。
憂時氣節精神偉，愛國文章翰墨馨。詠罷九歌瞻兩岸，汨羅嗚咽隔鯤溟。

〔註53〕

〈中元燈〉

瓜月銀釭燦百層，鱟江交映火傳承。法壇輝處招陰魄，冥界開時放水燈。
照徹閻浮看普渡，探明心性盡超昇。煌煌萬盞真如海，共讚中元國運興。

〔註54〕

17、何添旺

何添旺，基隆人，民國三年生，業果菜批發商，日據時代就塾攻讀漢文，酷嗜古典詩詞，尤擅文虎，歷任基隆市謎學會常監，並參加基隆市詩學會，賡續研究。

〈春日書懷〉

春日婆娑竹影移，吟情雅興賞芳時。風輕金谷花枝艷，煙薄章台柳葉姿。
捲簾聽鶯人起早，開窗賞月我眠遲。周遮韶景看難盡，且抒幽懷入小詩。

〔註55〕

〔註52〕陳兆康、王前：《雨港古今詩選》，（基隆市立文化中心出版，民國八十七年八月），頁126。

〔註53〕陳兆康、王前：《雨港古今詩選》，（基隆市立文化中心出版，民國八十七年八月），頁126。

〔註54〕陳兆康、王前：《雨港古今詩選》，（基隆市立文化中心出版，民國八十七年八月），頁126。

〔註55〕陳兆康、王前：《雨港古今詩選》，（基隆市立文化中心出版，民國八十七年八月），頁141。

〈曉入紅淡山〉

疏鐘遠度響凌晨，紅淡山臨景色新。冷艷葵開偏向日，微香荷展不沾塵。
寶明勝蹟參禪理，方丈清幽悟道真。世外桃源堪比擬，巖泉野興話津津。

〔註56〕

〈小陽春暖〉

疏鐘遠度響凌晨，紅淡山臨景色新。冷豔葵開偏向日，微香荷展不沾塵。
美酒清醇風味足，吟聲飄逸韻悠奇。窮愁只喜長宵趣，衰髮頻增實可悲。

〔註57〕

18、易中達

易中達，湖北安陸人。早年投筆從戎，於二十九歲時，破例擢升為上校團長，抗戰時又進升為川鄂綏靖少將參謀長，民國三十四年勝利後榮退，轉任湖北省宜昌市警察局局長。大陸淪陷避居香港五年，於民國四十三年抵台，在台中縣台電公司服務，兩年後定居基隆，為雙春吟社社員。

〈吟聲繞海門〉

吟聲繚繞海門邊，雨港雲開降謫仙，全國盟鷗欣橐筆，三唐格律賦詩篇。
溫柔敦厚移風氣，團結和平挽漢天，繡虎才多安社稷，騷人自古義忠先。

〔註58〕

〈雨港風情〉

雨港環山面海洋，軸轤萬里四方商，波濤洶湧漁郎競，歌舞喧嘩酒女忙。
廟口老饕川晝夜，公園情侶逗曦光，田寮河畔風光麗，文化中心萬卷藏。

〔註59〕

〈雞籠中元祭〉

慶贊中元漢族風，慎終追遠古今同，設壇禱拜思先輩，化紙焚香敬祖公。

〔註56〕陳兆康、王前：《雨港古今詩選》，（基隆市立文化中心出版，民國八十七年八月），頁142。
〔註57〕陳兆康、王前：《雨港古今詩選》，（基隆市立文化中心出版，民國八十七年八月），頁142。
〔註58〕曾子良主編：《基隆市文學類資源調查成果報告書》，（行政院文化建設委員會，民國九十二年十二月），頁266。
〔註59〕陳兆康、王前：《雨港古今詩選》，（基隆市立文化中心出版，民國八十七年八月），頁266。

盂蘭盆會孤魂祭，鼓樂遊行炫氏隆，扮鬼裝神國際節，荒唐市府導民窮。

〔註60〕

19、張致青

張致青，原名火發，福建惠安人，民國四年生，日據時代渡海來台，業雕刻，工書法、擅繪畫，曾師事李燦煌習詩，為人篤厚，曾加入基隆市詩學研究會，逝年八十。

〈千歲鶴〉

吟壇師長共尊賢，祝嘏人來自向前。海屋添籌千歲壽，霜毛弄月九皋天。
高風亮節詩名遠，大雅雍容禮樂篇。七秩同欽人未老，精神矍鑠似當年。

〔註61〕

〈基隆詩學會成立七周年有感〉

丙寅值歲詠周年，七載騷壇喜共研。輩出英才推後秀，書尋典故識前賢。
雞峰屹立連雲雨，獅嶺橫斜接水天。華夏文風揚國粹，千秋大雅繼綿綿。

〔註62〕

20、闕成基

闕成基，基隆暖暖人，早年為煤礦公職員，業餘喜好吟哦。參加大同吟社，擊缽吟會曾多次奪魁。

〈國慶日基津觀濤〉

雙十佳辰霽色開，鱟江騷客遠方來。海亭一望滄波闊，前浪滔天後浪催。

〔註63〕

〈重陽菊〉

重九凝香隱逸姿，騷人攜酒醉東籬。欣逢舊雨題糕日，正好黃花爛漫時。

〔註64〕

〔註60〕陳兆康、王前：《雨港古今詩選》，（基隆市立文化中心出版，民國八十七年八月），頁266。
〔註61〕陳兆康、王前：《雨港古今詩選》，（基隆市立文化中心出版，民國八十七年八月），頁114。
〔註62〕陳兆康、王前：《雨港古今詩選》，（基隆市立文化中心出版，民國八十七年八月），頁115。
〔註63〕陳兆康、王前：《雨港古今詩選》，（基隆市立文化中心出版，民國八十七年八月），頁70。
〔註64〕陳兆康、王前：《雨港古今詩選》，（基隆市立文化中心出版，民國八十七年八月），頁70。

〈冬至雨〉

連日嚴霜冷氣侵，搓糰燈下獨沉吟；無端戶外瀟瀟急，一夜催詩動客心。

〔註65〕

21、秦鑫

秦鑫，字和雯，江西南昌縣人，民國五年生，聯幹班畢，曾任參謀、主任、秘書、科長、組長、處長、董事長等職。

〈參觀九華山〉

九華山上參前賢，款待遊人麵代煙。砲戰年經三十七，弟兄歡聚樂如仙。

〔註66〕

〈金門行〉

金防司令顏忠誠，忠勇英豪志節貞。士氣高昂嚴陣待，軍民團結固金城。

〔註67〕

〈海濱晚眺〉

日落潮低霞滿天，沙灘泳服色新鮮。海濱小舨網魚樂，晚眺燈光耀眼前。

〔註68〕

22、詹阿仁

詹阿仁，法名印禪，基隆市人，民國五年生，僅小學程度，於七堵區經營仁和照相館，夙具慧根，以自修精研群籍，詩文並茂，民國四十年遇南懷瑾，相與談禪，形影不離，遂師事之，於是佛學精進，佈慈悲於世，弘揚佛法。

〈奉和南師懷公混跡鬧市〉

叢中鬧裡作禪廬，同垢和光共起居。寂靜一心坦蕩蕩，照觀萬點顯如如。

涅槃攝入性含相，慧眼豁開色即虛。順逆境風為我伴，千山萬水盡樵漁。

〔註69〕

〔註65〕陳兆康、王前：《雨港古今詩選》，（基隆市立文化中心出版，民國八十七年八月），頁145。
〔註66〕陳兆康、王前：《雨港古今詩選》，（基隆市立文化中心出版，民國八十七年八月），頁146。
〔註67〕陳兆康、王前：《雨港古今詩選》，（基隆市立文化中心出版，民國八十七年八月），頁146。
〔註68〕陳兆康、王前：《雨港古今詩選》，（基隆市立文化中心出版，民國八十七年八月），頁146。
〔註69〕陳兆康、王前：《雨港古今詩選》，（基隆市立文化中心出版，民國八十七年八月），頁148。

〈誦經有感〉

法身周遍泯中邊，一顆圓光隨眾緣。歷歷孤明無相相，圓融事理如來禪。

〔註70〕

23、高阿媚

高阿媚，字勖修，民國六年生，世居基隆市，性聰敏，幼承庭訓，勤習八法，師承名書法家黃寶珠，又受業於羅鶴泉門下研修古籍，基隆詩學會成立，遂加入為會員，精修詩詞。

〈元宵觀燈遊基隆〉

鱟江萬盞看輝騰，高掛街衢瑞氣增。光燦中元迎法會，心昭上界賴花燈。
眾生善導慈悲顯，遊魄迷開極樂燈。貂石金雞齊照徹，淳風化俗永相承。

〔註71〕

〈讚中元〉

鱟港中元健主題，觀光帶動譽高提。人潮洶湧情如沸，車陣綿延眼欲迷。
美俗盛傳隆俎豆，遊魂普渡慰靈犀。力行節約誠為重，祝福隨燈指極西。

〔註72〕

〈雨港風情〉

自古基津景物奇，舟橫野渡雨催詩。雞山風趣閒中領，仙洞濤聲夢裡馳。
社慶聯吟文詠鱟，鼎成其詠海騰螭。人生其樂何逾此，一聘江城忘勒羈。

〔註73〕

24、周植夫

周植夫，本名孫園，字植夫，以字行，祖籍福建同安人。為漢學家王子清高足，精研擊缽，名聞全台。早年加入大同吟社，與大同吟社第二任社長陳其寅知交近四十載，陳其寅曾讚譽周氏的詩文雋永，有「詩仙」的奇才。周氏為詩，稱情而吟，佇與而作，不尚雕錦，自成一家，又精於北管樂器，

〔註70〕陳兆康、王前：《雨港古今詩選》，（基隆市立文化中心出版，民國八十七年八月），頁149。

〔註71〕陳兆康、王前：《雨港古今詩選》，（基隆市立文化中心出版，民國八十七年八月），頁146。

〔註72〕陳兆康、王前：《雨港古今詩選》，（基隆市立文化中心出版，民國八十七年八月），頁147。

〔註73〕陳兆康、王前：《雨港古今詩選》，（基隆市立文化中心出版，民國八十七年八月），頁147。

尤擅於拉提絃，曾於民國五十年榮獲台灣北區提絃比賽冠軍，晚年盛譽鵲起，到處講學，薪傳詩教，著有《竹潭詩稿》一書流傳於世。民國八十四年秋患腦中風猝逝，享年七十八。

〈壽人瑞〉

至後開桃宴，期頤世更稀；書香兼孝道，水部有清暉。〔註74〕

〈蓮花〉

翠蓋迎風展，紅衣出水新；長持君子態，卓立絕纖塵。〔註75〕

〈暖暖古渡〉

石瀨澄潭古渡頭，蓼花搖落已涼秋。舳艫擁岸今何處，寂寞斜陽一小舟。

〔註76〕

25、李普同

李普同，原名天慶，字普同，以字行，桃園人，年少時即定居基隆。於日治時期，民國二十九年，發起組織「基隆書道會」，一生貢獻於中華的書道，為世人所欽仰。台灣光復後，追隨當時監察院長于右任，研習于老草書書法，後自成一格，名重海內外的書法界。於民國八十一年，李氏詩承繼于老的遺志，結合書畫壇的前輩，創立「中國標準草書協會」，並以自己書齋「心太平室」來傳授書法，桃李盈千，著述甚豐。李氏一面推廣書法藝術，一面又加入台北瀛社，潛心研究傳統詩學，為詩工整雄偉，曾自撰聯以明心志：「養氣不動真豪傑，居心無物轉光明」。

〈三原右老八二壽〉作於一九五九年

宇內人傳愛國詩，臨池妙繼換鵝兒，興來百紙一揮盡，偶出新篇爭誦之。

瀛嶠棲遲同仗節，海天吟望每憂時，吾公毫臺神逾王，攬轡神州定可期。

〔註77〕

〔註74〕曾子良主編：《基隆市文學類資源調查成果報告書》，（行政院文化建設委員會，民國九十二年十二月），頁272。

〔註75〕曾子良主編：《基隆市文學類資源調查成果報告書》，（行政院文化建設委員會，民國九十二年十二月），頁272。

〔註76〕陳兆康、王前：《雨港古今詩選》，（基隆市立文化中心出版，民國八十七年八月），頁118。

〔註77〕陳兆康、王前：《雨港古今詩選》，（基隆市立文化中心出版，民國八十七年八月），頁128。

〈追懷碩卿業師〉

叩謁師門已暮年，親叨賜號日光前。執經問字分明記，先讀兵書後史篇。

人說睡獅將奮起，畢生保粹豈徒然。重歸祖國知非遠，附耳曾言不久焉。

〔註78〕

〈中興橋晚眺〉

中興橋外片霞明，小倚危欄愛晚晴。春水帆檣移極浦，夕陽樓閣枕江城。

劍潭樹色歸吟稿，關渡漁歌繫客情。不盡遊人懷古意，岸西回首暮雲情。

〔註79〕

26、陳祖舜

陳祖舜，民國十一年生，基隆市人，國家高等考試及格，曾任基隆港務局荐任高員。陳氏於民國五十年加入大同吟社迄今已逾四十載，今為名聞全台的詩壇耆宿。早年曾於民國六十八年十月、十一月、十二月，連續三個月，分別參加桃園、淡水、南投等地之全台詩人大會，榮獲三次掄元，這是自古以來第一位基隆籍傳統詩人，榮膺全台詩壇「三元及第」的最高榮譽。陳氏除了專精於「傳統詩」的創作外，更擅長於「對聯」及「燈謎」。他早在民國五十二年六月二十三日，「基隆市謎學研究會」成立時的創會會員，並擔任第一屆基隆謎學會常務理事。

〈重整倫理〉　《雨港古今詩選 今人佳什》頁一六三

三清佈道德揚芬，改革心靈脫俗氛。重整五倫明理智，廣傳六義勵詩文。

頹風共挽綱常振，聖訓同遵善惡分。社教推行宣禮教，划除暴戾敢辭勤。

〔註80〕

以下收錄三元及弟詩作三首：

〈秋日桃園圖書館雅集〉民國六十八年十月二十一日

秋日題襟雅誼街，圖書滿館自莊嚴；西園翰墨桃園繼，藻繪江山筆不凡。

〔註81〕

〔註78〕陳兆康、王前：《雨港古今詩選》，（基隆市立文化中心出版，民國八十七年八月），頁128。

〔註79〕陳兆康、王前：《雨港古今詩選》，（基隆市立文化中心出版，民國八十七年八月），頁128。

〔註80〕陳兆康、王前：《雨港古今詩選》，（基隆市立文化中心出版，民國八十七年八月），頁163。

〔註81〕曾子良主編：《基隆市文學類資源調查成果報告書》，（行政院文化建設委員會，民國九十二年十二月），頁274。

〈紀念國父誕辰淡水雅集〉民國六十八年十一月十二日

總理生辰溯紀元，會開淡水聳吟旛，曾遺主義三民仰，未喪斯文一線存。
革命當年推帝制，敲詩此日喚騷魂，天心早現中興像，糺縵卿雲壯七鯤。

〔註82〕

〈冬暖〉　民國六十八年十二月十六日

朔風不襲小陽天，背曝南崗白日懸；知是中興干氣象，煖雲解凍壯坤乾。

〔註83〕

27、鄭芸生

鄭芸生，廣東揭陽人，早年來台，從事漁業，淡泊勤奮，數十載如一日，因羨海鷗優遊海上，故號鷗翔，平生並無嗜好，暇時品茗吟詩，自娛而已。

〈書夢〉

掩卷垂眉幻似真，珠璣墨寶落紅塵。吟詩作對詞為譜，摘句尋章筆也神。
富貴無緣知隱退，妻兒有愛自相親。常心不住婆娑界，留得桃源好避秦。

〔註84〕

28、馬希伯

馬希伯，山東省日照縣人，民國十一年生，曾任校長、科長等職，雙春吟社社員。

〈臺灣光復五十週年〉

割土重光五十秋，宵旰胼胝著鴻猷。宏圖基早三台奠，大統功虧兩岸籌。
郅治湯盤原侈語，民懷禹鼎曷先憂。庸駑我愧炎黃裔，淚眼山河已白頭。

〔註85〕

〈雙十節感賦〉

一紀風雲幾變遷，英雄志士去如煙。黃崗碧血空陳跡，白日青天悵往年。

〔註82〕曾子良主編：《基隆市文學類資源調查成果報告書》，（行政院文化建設委員會，民國九十二年十二月），頁274。
〔註83〕曾子良主編：《基隆市文學類資源調查成果報告書》，（行政院文化建設委員會，民國九十二年十二月），頁274。
〔註84〕陳兆康、王前：《雨港古今詩選》，（基隆市立文化中心出版，民國八十七年八月），頁165。
〔註85〕陳兆康、王前：《雨港古今詩選》，（基隆市立文化中心出版，民國八十七年八月），頁166。

得是豕狐爭競逐，劇憐萁豆竟相煎。紛紜擾攘誰為咎，追昔方今倍愴然。

〔註86〕

〈秋感〉

玉露金風一葉秋，長空景色滿西樓。天涯回首家何在，客影蕭淒兩淚流。

〔註87〕

29、黃煜南

黃煜南，廣東省蕉嶺縣人，民國十一年生，中央警官學校畢，曾任巡官、所長、秘書等職。

〈端午懷屈〉

三閭事績感朋傳，放逐仍懷楚祚麻。不見三年君義斷，何如一死姓名留。
由來忠義垂千古，況有離騷耀九州。當日居民頭角黍，相沿端午競龍舟。

〔註88〕

〈有感〉

主義爭持分兩岸，天倫幾許夢難圓。阿誰才大能調適，禮讓無爭共舉賢。

〔註89〕

〈七十生朝書懷〉

總覺浮生夢裡過，生朝回顧感顏酡。從心願勉休踰矩，戒得還期勸誡多。
汎愛親仁知省勵，行藏取捨恥諛阿。榮枯業報循還理，因果明時氣自和。

〔註90〕

30、陳文俠

陳文俠，福建省霞浦縣人，民國十一年生，服職基隆市政府，居暖暖區，為雙春吟社社員。

〔註86〕陳兆康、王前:《雨港古今詩選》,(基隆市立文化中心出版,民國八十七年八月),頁167。
〔註87〕陳兆康、王前:《雨港古今詩選》,(基隆市立文化中心出版,民國八十七年八月),頁167。
〔註88〕陳兆康、王前:《雨港古今詩選》,(基隆市立文化中心出版,民國八十七年八月),頁169。
〔註89〕陳兆康、王前:《雨港古今詩選》,(基隆市立文化中心出版,民國八十七年八月),頁169。
〔註90〕陳兆康、王前:《雨港古今詩選》,(基隆市立文化中心出版,民國八十七年八月),頁170。

〈基隆望海亭聞雷〉

看花載酒舊時情，搔首徒憐白髮生。事業悵隨流水逝，激昂歌苤睡龍驚。
雲凝北關渾難曉，樹唱西風總不平。引吭長號天地奮，餘威化作怒雷聲。

〔註91〕

〈大陸撤退感作〉

黃圖黯澹碎金甌，戰陣將軍幾斷頭。馬曳寒雲歸海嶠，旗翻落日泣神州。
關中昔已傳三鑒，河上今還賦二矛。翹首蔣山陵畔草，銅駝荊棘使人愁。

〔註92〕

〈感時〉

古樹寒雅噪石頭，砧聲又報漢宮秋。風雲龍虎空陳跡，金粉笙歌不解愁。
慘淡河山傷牧馬，升沈天地感浮鷗。萬方鵑泣哀多難，落日蒼茫照九州。

〔註93〕

31、顏寶環

顏寶環，字學敏，福建海澄人，弱冠渡台，定居七堵，服務於基隆港務
局，才思敏捷，好瘦詞，尤於吟詠，曾擔任基隆詩學研究會常務理事。民國
八十五年卒，年七十二。

〈母教〉

母教成名信不虛，坤儀阿媚享佳譽，子賢孫孝能榮祖，桂馥蘭芳可式閭；
明德撫孤窮志節，含貞育幼問耕鋤，今揮彩筆同祈頌，模範萱堂美可茹。

〔註94〕

31、陶一經

陶一經，字小樓，民國十三年生於浙江紹興，並長書畫篆刻，著有《瀛
海集》、《清史拾儁》、《小樓詩稿》《未雨廬印集》、《一經作品集》、《味雨集》等。

〔註91〕陳兆康、王前：《雨港古今詩選》，（基隆市立文化中心出版，民國八十七年八月），頁170。

〔註92〕陳兆康、王前：《雨港古今詩選》，（基隆市立文化中心出版，民國八十七年八月），頁171。

〔註93〕陳兆康、王前：《雨港古今詩選》，（基隆市立文化中心出版，民國八十七年八月），頁171。

〔註94〕陳兆康、王前：《雨港古今詩選》，（基隆市立文化中心出版，民國八十七年八月），頁119。

〈梅放嶺南〉（一）

昨夜夢魂裡，嶺梅一笑迎，舊朋心有契，相約踏春行。〔註95〕

〈地震〉

一片傷心地，哀愁鎖雙眉，心驚樓屋倒，眼見山川移。

遍野皆嚎哭，死生骨肉離，蒼天恤世亂，忍淚到幾時？〔註96〕

〈基隆初秋〉（一）

雞籠一雨入新秋，望斷征鴻獨倚樓，雲黯山川迷兩案，歸心日夜繫孤舟。

〔註97〕

〈基隆初秋〉（六）

金風滌暑近中元，山上祭壇掛彩旛。今歲誰家輪主普，斗燈鑼鼓滿街喧。

〔註98〕

〈山城驟雨〉

山城驟雨繞輕煙，消息秋風又一年，知己鴈書山外斷，懷人客路夢中牽。

多情恨有花濺淚，惆悵愛無詩債纏，莫向籬園思故里，何時把酒問青天？

〔註99〕

〈陌園紅櫻〉

壽山路口一朱櫻，半在校園半外橫，日麗牆頭新蕊綻，風翻梢尾嫩雲傾。

彩霞輕抹胭脂染，細雨漫澆珠淚盈，知我年年從此過，依然默默低頭過。

〔註100〕

32、陳兆康

陳兆康，祖籍福建惠安，生於民國十七年，弱冠抵台，寓居高雄十年。後定居基隆。早年從商之餘，與羅慶雲、陳祖舜、胡雲鶴、陳彥宇、劉宗等位，於民國五十二年六月二十三日發起成立「基隆市謎學研究會」，為資深謎學家。並鑽研傳統詩與古文學，卅多年來的親炙雨港詩壇文學泰斗陳

〔註95〕陶一經：《味雨集》，（基隆市立文化中心出版，民國九十一年八月），頁20。
〔註96〕陶一經：《味雨集》，（基隆市立文化中心出版，民國九十一年八月），頁36。
〔註97〕陶一經：《味雨集》，（基隆市立文化中心出版，民國九十一年八月），頁44。
〔註98〕陶一經：《味雨集》，（基隆市立文化中心出版，民國九十一年八月），頁49。
〔註99〕陶一經：《味雨集》，（基隆市立文化中心出版，民國九十一年八月），頁106。
〔註100〕陶一經：《味雨集》，（基隆市立文化中心出版，民國九十一年八月），頁107。

其寅，如今陳兆康老師已繼續傳承這些中華國粹，曾在詩學會擔任講師，目前已退休，擔任詩學研究會顧問。與詩友王前，主編出版《雨港古今詩選》。

〈德風偃草〉

立身處世道相偕，激濁揚清志未乖。方正每欽君子節，仁和長仰聖人懷。

倫常維護除邪惡，禮義宏宣懾虎豺。信美德風能偃草，乾坤明朗滌陰霾。

〔註101〕

〈荷風〉

短柄微搖翠蓋張，無瑕無玷出銀塘。馮夷扶起嬌姿現，宗愨輕篩艷態揚。

萬葉迎風驅溽暑，千枝蔽日散清香。詩人多有濂溪癖，慣愛觀蓮賦一章。

〔註102〕

〈兩岸同春〉

久分必合古今明，兩岸熙和淑氣迎。月照神州金鏡滿，陽回寶島玉壺清。

平權對等無軒輊，同氣連枝本弟兄。一統宏觀宜暫待，佇立水到自渠成。

〔註103〕

33、鄭瑪超

鄭瑪超，福建惠安人，民國十八年生，弱冠來台，即服職基隆港務局，性好古典詩，公餘嘗從陳祖舜學詩，每臨場鏖詩，常見嘉績，為人篤厚，定居七堵區，現已退休。

〈發揚開國精神〉

辛亥推翻滿帝巢，三民立說史重鈔。中華建國開新運，大漢宣威睦舊交。

功蓋武湯懷總理，道承孔孟拯同胞。發揚黃埔精神繼，兩岸和平敵愾拋。

〔註104〕

〔註101〕陳兆康、王前：《雨港古今詩選》，（基隆市立文化中心出版，民國八十七年八月），頁176。

〔註102〕陳兆康、王前：《雨港古今詩選》，（基隆市立文化中心出版，民國八十七年八月），頁176。

〔註103〕陳兆康、王前：《雨港古今詩選》，（基隆市立文化中心出版，民國八十七年八月），頁176。

〔註104〕陳兆康、王前：《雨港古今詩選》，（基隆市立文化中心出版，民國八十七年八月），頁178。

〈雨港風情〉

雞籠文化久欽遲，高會聯吟集故知。海港美名曾冠雨，山川勝景足成詩。
中元祭典廣民俗，大雅扶輪壯國基。最是風情含逸趣，天聲遠播遍天涯。

〔註105〕

〈探親〉

探親策劃異觀光，卅載思歸願始償。結隊數人經港廈，乘風一路至家鄉。
兒童相見全無識，戚友重逢半已忘。往事從頭言不盡，弟兄共聚醉傾觴。

〔註106〕

34、謝森發

謝森發，廣東蕉嶺人，民國十九年生，從事教育工作卅七年，曾任高、
初中國文教師、教務主任、代理校長，曾編著國中公民與道德輔助教材，
中華民族佳話，編導教學錄影帶八部，喜愛古典詩，退休後加入雙春吟社。

〈神州遊記　蘇堤漫步〉

波光瀲灩水平舖，綠柳垂楊影不孤。明月清風情未老，蘇隄漫步一塵無。

〔註107〕

〈美西遊〉

峽谷風光舉世名，嶙峋峻峭客心驚。千年造化千年景，萬里江山萬里情。

〔註108〕

〈重陽抒感〉

重陽敬老莫謳歌，世道衰微嘆奈何。多少同儕如棄土，朱顏減盡念彌陀。

〔註109〕

〔註105〕陳兆康、王前：《雨港古今詩選》，（基隆市立文化中心出版，民國八十七年八
　　　　月），頁178。
〔註106〕陳兆康、王前：《雨港古今詩選》，（基隆市立文化中心出版，民國八十七年八
　　　　月），頁182。
〔註107〕陳兆康、王前：《雨港古今詩選》，（基隆市立文化中心出版，民國八十七年八
　　　　月），頁182。
〔註108〕陳兆康、王前：《雨港古今詩選》，（基隆市立文化中心出版，民國八十七年八
　　　　月），頁182。
〔註109〕陳兆康、王前：《雨港古今詩選》，（基隆市立文化中心出版，民國八十七年八
　　　　月），頁182。

－290－

35、陳其寅

陳其寅，字曉齋，祖籍福建惠安，幼年回故鄉，就名儒受業，奠定國學基礎，弱冠失怙，續業經商，鴻業丕振，保持儒素家風，宏揚文教，主篡大同吟社，熱心公益，名重鄉邦，曾膺全國模範老人，長青楷模，著《懷德樓詩草》與《懷德樓文稿》傳世，纂修基隆市志人物、文物兩篇，並修琅玕陳氏族譜，皆出版流傳，卒年九十有五歲。

〈國慶日基津觀濤〉

雙十佳辰霽色開，歡聲雷動海之隈。港門浪靜祥光滿，佇看昌隆國運恢。

〔註110〕

〈懷德樓冬日漫興〉

雨港今年雨最稀，負暄差喜卻寒威。人情向老思溫暖，天意深仁藏化機。

清景轉欣樓望闊，苦吟不覺漏聲微。安安遷善平生念，吾道中庸識所依。

〔註111〕

〈遊大覺寺同春亭、植夫〉

寶剎規模壯，相將展齒臨。堂高依佛嶺，海近送潮音。

領略閒中趣，悠然物外心。禪關題大覺，啟示予人深。〔註112〕

36、陳德潛

陳德潛，陳其寅次子。臺大經濟系畢，二十二歲考取甲等經濟人員高考，八十二年七月以簡任稽查退休，並獲全國及基市模範父親，為大同吟社第三任社長。

〈文化中心成立「基隆文史資料室」紀念〉作於二〇〇二年

精研文史古雞籠，筆陳堂堂藻思雄；墨浪奔騰揚浩氣，仲春創立慶成功。

〔註113〕

〔註110〕陳兆康、王前：《雨港古今詩選》，（基隆市立文化中心出版，民國八十七年八月），頁123。

〔註111〕陳兆康、王前：《雨港古今詩選》，（基隆市立文化中心出版，民國八十七年八月），頁124。

〔註112〕陳兆康、王前：《雨港古今詩選》，（基隆市立文化中心出版，民國八十七年八月），頁123。

〔註113〕陳德潛：《大同吟社第三次詩人聯吟會詩草》，（基隆大同吟社印，民國九十一年九月七日），頁7。

〈大同吟社七十周年慶〉作於二〇〇一年

大同七秩萃朋交，社慶豪吟俗慮拋，六義勤修多鍛鍊，四聲精辨細推敲。
騷壇聯誼情如蜜，鱟港題襟義似膠，美盡東南賓主樂，莫嫌薄酒與粗肴。

〔註114〕

〈歌頌洪連成詞長〉作於二〇〇一年

連篇令譽頌分明，成就高風月旦評；詞筆傳神文獻在，長區政績永留名。

〔註115〕

37、王前

王前，字祁民，號古槐軒主，基隆市人，民國二十年生，少入靜寄書齋師事呂漢生夫子，研習國學，後與同好發起組織基隆詩學研究會，歷任總幹事，繼隨周植夫專修詩學，曾任中華民國傳統詩學常務監事。

〈獅嶺懷古〉

獅嶺遺跡未全埋，為認前朝上碧厓。故壘靈山遺錦字，荒臺古寺動吟懷。
殘碑石棧苔封徑，隧道天梯草沒鞋。欲弔劉公頻悵望，如梭歲月感無涯。

〔註116〕

〈雙龍山春望〉

振衣直上惠風柔，遍地芳菲一望收。古木扶疏臨鱟穴，靈山浥翠弄獅球。
憑欄大佛慈光耀，劈紙騷人逸興悠。把酒槐陰窮遠目，遙遙找嶼隱中流。

〔註117〕

〈夏日訪大佛禪院〉

旭岡夏日約登臨，路轉幽篁曳杖尋。大佛巍峨僧掃徑，修門壯麗鳥穿林。
雲房煮茗添詩興，禪院焚香淨俗心。頂禮人多祈納福，沉吟有客坐榕陰。

〔註118〕

〔註114〕陳德潛：《大同吟社第三次詩人聯吟會詩草》，（基隆大同吟社印，民國九十一年九月七日），頁3。
〔註115〕曾子良主編：《基隆市文學類資源調查成果報告書》，（行政院文化建設委員會，民國九十二年十二月），頁281。
〔註116〕陳兆康、王前：《雨港古今詩選》，（基隆市立文化中心出版，民國八十七年八月），頁182。
〔註117〕陳兆康、王前：《雨港古今詩選》，（基隆市立文化中心出版，民國八十七年八月），頁183。
〔註118〕陳兆康、王前：《雨港古今詩選》，（基隆市立文化中心出版，民國八十七年八月），頁183。

38、高丁貴

高丁貴，基隆市人，民國二十一年生，精通堪輿學，為長福擇日館負責人，性好吟詠，師事周植夫研修詩學。曾任基隆市詩學研究會理事。

〈雞嶺望神州〉

奎峰秋晚氣蕭森，西望狂洋發浩吟。鯤島繁榮難比擬，神州暗淡久淪沉。

聞雞故國天將曉，躍馬中原日已臨。隔海思親家萬里，金甌待補拯哀黔。

〔註119〕

〈秋江〉

水色連天壯大觀，金風拂起一江寒。忽思故國蓴鱸美，回首雲邊夕照殘。

〔註120〕

〈日曆〉

甲子詳分註錦箋，陰陽八節四時編。忘機我比閒鷗鷺，那管流光歲月遷。

〔註121〕

39、王清圖

王清圖，民國二十一年生，彰化縣人，早歲移居基隆南榮路，設利昌西藥行，性好吟哦，入基隆詩學會隨周植夫先生研修詩學。

〈賞花〉

春來氣暖發清香，引蝶招蜂我亦狂。萬種奇花爭艷色，千般異卉鬥新妝。

〔註122〕

〈求雨〉

旱情擴大遍蓬壺，到處田園稻欲枯。萬類待蘇甘澍盼，虔誠定必感天都。

〔註123〕

〔註119〕陳兆康、王前：《雨港古今詩選》，（基隆市立文化中心出版，民國八十七年八月），頁185。

〔註120〕陳兆康、王前：《雨港古今詩選》，（基隆市立文化中心出版，民國八十七年八月），頁185。

〔註121〕陳兆康、王前：《雨港古今詩選》，（基隆市立文化中心出版，民國八十七年八月），頁185。

〔註122〕陳兆康、王前：《雨港古今詩選》，（基隆市立文化中心出版，民國八十七年八月），頁186。

〔註123〕陳兆康、王前：《雨港古今詩選》，（基隆市立文化中心出版，民國八十七年八月），頁187。

〈冬日謁天顯宮〉

天顯宮名遠近馳，遙看鱟浦更雄奇。攤箋心似香煙篆，霽景當前好賦詩。

〔註124〕

40、李梅庵

李梅庵，祖籍廣東省寧人，民國廿二年生，是泰國華僑（出生於泰國），七歲時才至祖國接受教育，稍長即在軍醫院實習。民國三十八年抵台，則在各野戰醫院當軍醫官，於民國五十年退休，才第一次回泰國老家，三年後才正式定居基隆，懸壺濟世。並好詩詞，為基隆詩學會顧問。

〈哭恩師周公植夫〉 　《雨港古今詩選　今人佳什》頁一八八

北斗星沉月露寒，周公鶴駕震騷壇。欲培學子千人易，再問宗師一字難。

天妒奇才但齋恨，道存碩彥亦摧殘。音容忍使從今杳，斷盡愁腸淚未乾。

〔註125〕

〈重返股市〉 　《雨港古今詩選　今人佳什》頁一八八

重操舊業只為貪，昨日傾家心未甘。窮鬼圖圓發財夢，肉包打狗問誰堪。

〔註126〕

〈黷賣止戈〉 　《雨港古今詩選　今人佳什》

掠空導彈一波波，黷武難期兩岸和。玩火慎防同歷劫，人神共譴動干戈。

〔註127〕

41、涂榮華

涂榮華，字璧如，民國二十二年生，世居基隆市，業運輸，少時就塾師呂漢生攻讀古文詩籍，深窺堂奧，長而耽風雅，為詩工穩，頗負時譽，晚近隨其子遷居布袋鎮經營船舶修理業，漸疏騷壇。

〈鱟港文瀾〉

鱟港凝煙歲月深，瀠洄島嶼浪千尋。橫流共擊中流楫，扢雅同登大雅林。

〔註124〕陳兆康、王前：《雨港古今詩選》，（基隆市立文化中心出版，民國八十七年八月），頁186。

〔註125〕陳兆康、王前：《雨港古今詩選》，（基隆市立文化中心出版，民國八十七年八月），頁188。

〔註126〕陳兆康、王前：《雨港古今詩選》，（基隆市立文化中心出版，民國八十七年八月），頁188。

〔註127〕陳兆康、王前：《雨港古今詩選》，（基隆市立文化中心出版，民國八十七年八月），頁189。

逸韻鏗鏘如虎嘯，正聲磅礴似龍吟。基津代有扶輪手，國粹宏揚譽古今。

〔註 128〕

〈海門冬曉〉

凌空雲氣走蛇蜒，一角疏林曉日懸。鱟穴爭流終匯海，雞峰突出欲摩天。

蒼松歲月長盤鬱，故國滄桑劇變遷。凜冽寒風吹不斷，乘槎我欲下江邊。

〔註 129〕

〈大竿林攬勝〉

載筆名山喜再經，閒耽勝景樂忘形。巖間樹色臨秋爽，林下泉聲洗耳聽。

日暮樵歸幽徑路，風涼客坐夕陽亭。鐘鳴韻逸炊煙繞，屐齒殘痕印草馨。

〔註 130〕

42、江榮標

江榮標，字一鴻，原籍福建惠安，先世來台，生於基隆市，居三沙灣。幼年失學，及長，受業於呂漢生門下，與邱天來、王前為同窗摯友，相與琢磨詩學，性聰悟，為詩沉蘊有力。業航海，時或間斷，後捨海就陸，覓化學工廠，詎意民國七十九年染重疾去世，得年纔五十五，時人惜之。

〈武嶺長青〉

巍峨武嶺見精神，翠接慈湖勵膽薪。峻塊衝嵩攀莫及，明昭日月仰常新。

千秋峭拔雄寰宇，百歲齡過念偉人。虎踞龍蟠徵瑞世，中華道統萬年春。

〔註 131〕

〈大竿林攬勝〉

代天宮闕喜初經，大好河山一抹青。避暑尋幽修竹徑，驅炎坐愛夕陽亭。

迎人鳥語詩情爽，逗韻鐘聲世夢醒。難得浮生閒半日，歸來不覺樂忘形。

〔註 132〕

〔註 128〕陳兆康、王前：《雨港古今詩選》，（基隆市立文化中心出版，民國八十七年八月），頁 189。

〔註 129〕陳兆康、王前：《雨港古今詩選》，（基隆市立文化中心出版，民國八十七年八月），頁 190。

〔註 130〕陳兆康、王前：《雨港古今詩選》，（基隆市立文化中心出版，民國八十七年八月），頁 190。

〔註 131〕陳兆康、王前：《雨港古今詩選》，（基隆市立文化中心出版，民國八十七年八月），頁 112。

〔註 132〕陳兆康、王前：《雨港古今詩選》，（基隆市立文化中心出版，民國八十七年八月），頁 113。

〈海門冬曉〉

小春名港望無邊，旭日紅符一角天。獅嶺巍峨籠宿霧，嶺峰縹緲鎖寒煙。

盪胸波浪翻江吼，放眼艨艟倚岸眠。僅有騷人揮健筆，寫將八景入詩篇。

〔註 133〕

43、邱天來

邱天來，字健民，民國二十五年生，為「基隆詩學研究會」創會及第二屆理事長，早年曾為「基隆市謎學研究會」創會會員。詩詞、燈謎之造詣極深，為基隆中生代的傳統詩及古文學的指導名師，其高足有現任理事長黃國雄等位。從民國八十四年起至今，為基隆詩學研究會專任講師。邱老師世居基隆，少時入「靜寄書齋」師事呂漢生研修詩文，尤好吟詠，於民國六十八年十一月與摯交詩友同創辦「基隆詩學研究會」。

〈台灣詩風〉

文風揚此日，蓬島壯詞源，化俗開高會，昌詩種善根。

溫又吟有韻，曹步看誰元，句藉吹噓處，端倫筆力尊。〔註 134〕

〈雨港春晴〉

十里東風綠滿枝，微暄淑氣乍晴時，波平鱟嶼千帆穩，雨齋獅峰落照遲。

燕語花間春絢錦，鶯梭堤畔柳舒眉，山河畫裏盟鷗鷺，缽韻悠揚壯海湄。

〔註 135〕

〈坐雨〉

漫天潑墨雨纖纖，一曲淋鈴響屋檐。淅瀝催詩懷杜老，飄瀟濕柳憶陶潛。

定知滌盡塵埃息，已覺昭蘇草木霑。坐聽賣花深巷起，不妨晴待捲晶簾。

〔註 136〕

〔註 133〕陳兆康、王前：《雨港古今詩選》，（基隆市立文化中心出版，民國八十七年八月），頁 113。

〔註 134〕陳兆康、王前：《雨港古今詩選》，（基隆市立文化中心出版，民國八十七年八月），頁 191。

〔註 135〕陳兆康、王前：《雨港古今詩選》，（基隆市立文化中心出版，民國八十七年八月），頁 192。

〔註 136〕陳兆康、王前：《雨港古今詩選》，（基隆市立文化中心出版，民國八十七年八月），頁 192。

44、蔣孟樑

蔣孟樑，號夢龍。民國二十五年生於基隆。家學淵源，早年專供「石刻」藝術，以承其父（蔣萬益）業，稍長師承雨港漢學家羅鶴泉，精研文史十餘載。書法則以曹秋圃為宗師，傳承其精髓。至於古典詩，則以周植夫為師，凡廿載，詩才洋溢、八法猶勁，為當世所重，曾任「基隆書道會」及「基隆詩學研究會」理事長，對基隆詩學界奉獻心力。

〈登武漢黃鶴樓題句〉

已償宿願訪神州，今日登臨黃鶴樓。黃鶴仙人遺勝蹟，長江滾滾向東流。

〔註137〕

〈遊美歸程機上有感〉

遨遊萬里計歸期，銀翼沖霄急騁馳，羈客知還猶倦鳥，異邦雖好總西夷；

他山攻錯應如玉，翰苑交流契以詩，勝景依然迷老眼，到家已見日遲遲。

〔註138〕

〈鱟港文瀾〉

海門潮湧起元音，潋灔文瀾自古今，浪捲千層如虎嘯，濤奔萬頃似龍吟；

江山孕育人才出，薪火傳承藻思深，薈萃英髦欣濟濟，三秋艷色好題襟。

〔註139〕

45、魏仁德

魏仁德，宜蘭籍，民國廿六年生，幼年時即移居基隆。年長後自營順裕漁具行，卓著鴻聲，為呂漢生高足，國學根柢穩固，尤擅詞章。曾擔任「基隆詩學研究會」及「宜蘭同鄉會基隆區」理事長。

〈基隆市詩學會成立誌盛〉

一幟堂堂豎海東，悠揚鉢韻繞基隆，騷壇起鳳添新秀，學海深驢尚雅風；

七步才高詩紀盛，三秋運啟日方中，星馳俊采忘年契，共醉吟觴喜氣融。

〔註140〕

〔註137〕陳兆康、王前：《雨港古今詩選》，（基隆市立文化中心出版，民國八十七年八月），頁194。

〔註138〕曾子良主編：《基隆市文學類資源調查成果報告書》，（行政院文化建設委員會，民國九十二年十二月），頁287。

〔註139〕曾子良主編：《基隆市文學類資源調查成果報告書》，（行政院文化建設委員會，民國九十二年十二月），頁287。

〔註140〕陳兆康、王前：《雨港古今詩選》，（基隆市立文化中心出版，民國八十七年八月），頁195。

〈海門春曉〉

海門春滿映波光,淑氣迎曦日乍揚;大覺鐘聲摧早起,教人莫戀黑酣鄉。

〔註141〕

〈楊柳風〉

長堤十里拂絲絲,何許行人折柳枝。不渡玉關君莫怨,依依漢苑展雙眉。

〔註142〕

46、陳彥宇

陳彥宇,基隆市人,民國二十七年生,師大研究所畢,作育人才為職責,曾任基隆詩學會理、監事。

〈海門冬曉〉

基津駭浪捲寒天,既白東方曙色鮮。曉角傳聲聞海角,晨煙迷岸隔烽煙。
昔年鱟穴知何在,今日獅峰尚犖然。勝地催詩歌復旦,港門長壯漢山川。

〔註143〕

〈青年節基津覽勝〉

基津花月馬蹄香,正是青年紀節忙。起義功高名不朽,尋詩雨霽興偏長。
同來鱟港探天險,遙望羊城弔國殤。疑是英雄餘碧血,海門山水染蒼蒼。

〔註144〕

〈雞嶺望神州〉

入望蒼茫思不禁,山環海抱足開襟。鱟江浪湧樓傳壯,鐵幕人懷水火深。
未信狼煙長蔽眼,可憑風雨證同心。何當戈甲迴天地,萬里煙波任放吟。

〔註145〕

〔註141〕陳兆康、王前:《雨港古今詩選》,(基隆市立文化中心出版,民國八十七年八月),頁196。
〔註142〕陳兆康、王前:《雨港古今詩選》,(基隆市立文化中心出版,民國八十七年八月),頁197。
〔註143〕陳兆康、王前:《雨港古今詩選》,(基隆市立文化中心出版,民國八十七年八月),頁197。
〔註144〕陳兆康、王前:《雨港古今詩選》,(基隆市立文化中心出版,民國八十七年八月),頁198。
〔註145〕陳兆康、王前:《雨港古今詩選》,(基隆市立文化中心出版,民國八十七年八月),頁198。

47、陳欽財

陳欽財，基隆市人，淡江大學外國語文學系畢業。曾任國光貿易公司英文秘書，固德信企業公司總經理，基隆長青國際獅子會秘書，基隆公益會創會會長。任基隆詩學研究會常務理事。第九屆基隆詩學研究會理事長。

〈海門冬曉〉

晨曦極目燦津邊，蕭颯霜風拂冷煙。獅嶺依稀征雁杳，鱟江隱約凍雲懸。

雄關勢險橫連鎖，曲岸波平繫釣船。彷彿富春舒畫本，鄉思不斷客情牽。

〔註146〕

〈靈泉寺曉鐘〉

古剎叢林勝景藏，晨鐘遠渡碧山陽。清音遙送朝雲外，淨盡塵囂俗慮忘。

〔註147〕

〈春雷〉

大地春雷響，蘇醒萬物榮。農家農事展，墨客墨春生。

園裡花爭放，枝頭鳥競鳴。隆隆徵瑞運，寶導慶昇平。〔註148〕

48、許欽南

許欽南，號位北，民國三十年生，師大國文系畢業，任教台北市立中正高中廿七年，於民國八十六年退休。民國八十四年加入基隆詩學會，曾任基隆市詩學會副總幹事。

〈讀詩樂〉

唐人妙句造辭奇，勤讀名篇逸興怡。始信文章千古事，晨吟夜誦不知疲。

〔註149〕

〔註146〕陳兆康、王前：《雨港古今詩選》，（基隆市立文化中心出版，民國八十七年八月），頁199。

〔註147〕陳兆康、王前：《雨港古今詩選》，（基隆市立文化中心出版，民國八十七年八月），頁200。

〔註148〕陳兆康、王前：《雨港古今詩選》，（基隆市立文化中心出版，民國八十七年八月），頁200。

〔註149〕陳兆康、王前：《雨港古今詩選》，（基隆市立文化中心出版，民國八十七年八月），頁203。

〈西北雨〉

商羊起舞豈其然，一陣傾盆大雨天。盡滌炎威涼味足，北窗下臥夢青蓮。

〔註150〕

〈秋懷〉

東籬菊綻地鋪金，畫意詩情豁我襟。如此風光堪一醉，不愁雙鬢雪來侵。

〔註151〕

49、葉碧

葉碧，基隆人，民國三十年生，畢業於台中師範專科學校，曾執教於基隆市中興國學及中華國小垂三十載，自幼聰慧，酷愛詩畫，退休後更加勤研，八十五年加入基隆市詩學會。

〈北海觀濤〉

鷗鷺觀濤引興長，瑞濱消夏近端陽。滔天勢比千軍發，撼岸聲如萬馬驤。
聖母安瀾安社稷，靈胥寄恨寄汪洋。射潮錢弩今何在，亂世依然濁浪狂。

〔註152〕

〈中秋書懷〉

空際絕纖塵，清輝夜色新。當頭深憶舊，逢節更思親。
光擾天涯客，情牽夢裡身。平分秋正半，百感淚沾巾。〔註153〕

〈世事〉

紛紛世局任推移，懶與相爭一著棋。莫問乾坤誰管得，吟風弄月且題詩。

〔註154〕

〔註150〕陳兆康、王前：《雨港古今詩選》，（基隆市立文化中心出版，民國八十七年八月），頁203。

〔註151〕陳兆康、王前：《雨港古今詩選》，（基隆市立文化中心出版，民國八十七年八月），頁203。

〔註152〕陳兆康、王前：《雨港古今詩選》，（基隆市立文化中心出版，民國八十七年八月），頁204。

〔註153〕陳兆康、王前：《雨港古今詩選》，（基隆市立文化中心出版，民國八十七年八月），頁204。

〔註154〕陳兆康、王前：《雨港古今詩選》，（基隆市立文化中心出版，民國八十七年八月），頁205。

48、林麗珠

林麗珠，台北人，曾服務於稅捐機關，早年於台北同勵詩會，習詩于周植夫，習字于黃篤生，廖禎祥。基隆詩學會會員。

〈海釣〉

曙光推戶柵，漁笛掃晨煙。渡興雲舒壯，釣懷波湧堅。

垂綸懸巨海，咬餌舉奔船。滿載紅鱗躍，游霞不思還。〔註155〕

〈秋荷〉　《雨港古今詩選　今人佳什》

玉露金風暑氣收，一池荷葉半池秋。枯莖殘蓋相扶立，紅藕餘香片片愁。

〔註156〕

〈約〉

一抹紅霞向晚天，伊人相約碧湖邊。望穿堤柳千千遍，喜見娉婷步似蓮。

〔註157〕

49、黃國雄

黃國雄，字海鶴，民國三十三年生，為基隆市人，歷任基隆市報關公會理事長，及該公司董事長多年。從商之餘，涉獵古典詩籍，為詩工穩，早年為基隆謎學會創會會員，也是基隆詩學研究會創會人之一。是基隆詩學會（第七、八屆）理事長，也在基隆社區大學任教。

〈壽花〉

韶華抒景正均勻，為祝花朝介酒陳。蝦頌蕊宮皆蝶使，觴稱綺席盡詩人。

鋪箋同寫長生籙，搦管爭題不老春。信與群芳緣不解，年年此日倍相親。

〔註158〕

〈秋日天顯宮覽勝〉

天顯宮高接九閽，群山排闥鱟江迎。洞留鴻爪尋蕃字，井現龍眸得美名。

〔註155〕陳兆康、王前：《雨港古今詩選》，（基隆市立文化中心出版，民國八十七年八月），頁206。

〔註156〕陳兆康、王前：《雨港古今詩選》，（基隆市立文化中心出版，民國八十七年八月），頁207。

〔註157〕陳兆康、王前：《雨港古今詩選》，（基隆市立文化中心出版，民國八十七年八月），頁207。

〔註158〕陳兆康、王前：《雨港古今詩選》，（基隆市立文化中心出版，民國八十七年八月），頁209。

勝地鏖詩旗鼓壯，靈官證道海河清。秋光坐領紅塵外，藻思如潮譜正聲。

〔註159〕

〈秋鱸〉

細鱗巨口產吳江，蓴菜烹調味最龐。唼藻添肥身潑潑，臨秋逐浪影雙隻。

投竿雅客情何逸，撒網漁翁興未降。曾惹季鷹思故里，西風一起駕歸艖。

〔註160〕

50、白玉崑

白玉崑，字鶴野，民國三十六年生，世居基隆，畢業於海洋大學，晚近移居美國，民國八十四年於基隆市立文化中心舉辦過個人第一次書法展，同時出版詩書作品集《鶴野行腳》。民國九十年又出版個人詩詞雜文專輯《鶴野鳴皋》。

〈白蓮池畔記思〉

古木清陰外，風塘細柳斜。皎然心似月，坐對白蓮花。〔註161〕

〈秋夜〉作於一九七二年

漫跡飄香徑，秋空淡月沉；靜宵千感集，一昨腦人深。〔註162〕

〈偶成〉作於一九九一年

老眼舒高處，天心應達人；往來咸俊秀，無日不佳辰。〔註163〕

51、鄭水同

鄭水同，字守一，民國三十八年生，基隆人，師事周植夫與羅鶴泉，曾任基隆市詩學研究會理事、港口事業股份有限公司文業部副理。

〈鱟港文瀾〉

漣淡淵涵學海深，九秋文錦錦燦琳。共傳鱟浦元音出，更合蓬瀛萬籟吟。

〔註159〕陳兆康、王前：《雨港古今詩選》，（基隆市立文化中心出版，民國八十七年八月），頁210。

〔註160〕陳兆康、王前：《雨港古今詩選》，（基隆市立文化中心出版，民國八十七年八月），頁210。

〔註161〕陳兆康、王前：《雨港古今詩選》，（基隆市立文化中心出版，民國八十七年八月），頁212。

〔註162〕陳兆康、王前：《雨港古今詩選》，（基隆市立文化中心出版，民國八十七年八月），頁211。

〔註163〕陳兆康、王前：《雨港古今詩選》，（基隆市立文化中心出版，民國八十七年八月），頁211。

筆激鯨波雄士氣，杯浮菊釀快詩心。喜看雲集洄瀾手，力引清流挹翰林。

〔註 164〕

〈靈泉晚鐘〉

鯨音斷續起靈泉，敲徹塵寰百八宣。清近月眉迴半壑，遠超獅嶺罩前川。
野煙乍散春花落，寺火初明暮鳥還。疑是姑蘇城外響，松濤和韻靜三千。

〔註 165〕

〈暮秋江城題襟〉

都門西望感無窮，有客懷鄉逆旅中。熱淚久從愁外盡，妙詞猶許醉邊工。
月明放棹聞砧杵，秋老登樓見雁鴻。若到神州逢故舊，寄言幽夢付飛蓬。

〔註 166〕

52、楊碧蓮

楊碧蓮，台北縣人，民國卅九年生，曾師陳祖舜習古典詩，黃寶珠習書法，陶一經習國畫，近年來曾利用家事之餘暇，舉辦書畫個展，凡四次，時人譽為三絕，現任基隆詩學會常務監事，目前從事水墨畫創作，並致力於社區藝文紮根工作。

〈題梅〉

玉骨清奇耐歲寒，含情冰蕊雪中觀。平生有爾添詩興，吟筆揮來樂忘餐。

〔註 167〕

〈小樓聽雨〉

潤物知時癸酉春，小樓夜雨滌心塵。敲窗喜聽瀟瀟韻，疑似催詩倍可親。

〔註 168〕

〔註 164〕陳兆康、王前：《雨港古今詩選》，（基隆市立文化中心出版，民國八十七年八月），頁 216。
〔註 165〕陳兆康、王前：《雨港古今詩選》，（基隆市立文化中心出版，民國八十七年八月），頁 217。
〔註 166〕陳兆康、王前：《雨港古今詩選》，（基隆市立文化中心出版，民國八十七年八月），頁 216。
〔註 167〕陳兆康、王前：《雨港古今詩選》，（基隆市立文化中心出版，民國八十七年八月），頁 219。
〔註 168〕陳兆康、王前：《雨港古今詩選》，（基隆市立文化中心出版，民國八十七年八月），頁 219。

〈未眠〉

小詩擬罷已深更，月掛樓頭分外明。好夢難尋君信否，唯聞山樹起秋聲。

〔註169〕

53、林麗貞

林麗貞，道名靜惻，民國三十九年生，基隆人，乃前貂山吟社社長張廷魁外孫女，學溯淵源，性慧黠，耽吟詠，尤好書畫，自營鋁門窗業，懋績甚佳，曾任愛心會會長，曾任基隆市詩學會理事。

〈追懷祖父張占鰲社長逝世十週年〉

鼎社當年發起人，占鰲祖父傲群倫。家鄉籍設三叉港，望族名留一士紳。
書教漢文經史徹，詩敲唐韻鷺鷗親。九三冥壽英靈在，必佑貂山百福臻。

〔註170〕

〈春江待渡〉

灘頭無奈客徘徊，顧盼舟夫獨自猜。燕語傳情桃岸畔，鶯聲示意柳堤隈。
一篙添暖春潮急，十里翻波暮雨催。登岸尚需搖櫓槳，寒江苦待渡傳來。

〔註171〕

〈歡聚〉

聞琴把臂唱笙歌，逸響心聲古調多。野店春風吹料峭，欣然舉盞面微酡。

〔註172〕

54、吳有

吳有，字行空，基隆市人，民國三十九年生，台灣師範大學畢業，任基隆女中教師，課餘曾從邱天來、陳祖舜、陳兆康研習傳統詩學。性聰悟，為詩敏捷工穩，曾任基隆市詩學會監事。

〈人品〉

先賢古聖醒吾儕，脫俗超凡作典楷。抱義輕身堅勁節，當仁遠志寄高懷。

〔註169〕陳兆康、王前：《雨港古今詩選》，（基隆市立文化中心出版，民國八十七年八月），頁219。

〔註170〕陳兆康、王前：《雨港古今詩選》，（基隆市立文化中心出版，民國八十七年八月），頁221。

〔註171〕陳兆康、王前：《雨港古今詩選》，（基隆市立文化中心出版，民國八十七年八月），頁220。

〔註172〕陳兆康、王前：《雨港古今詩選》，（基隆市立文化中心出版，民國八十七年八月），頁221。

德侔天地夷齊並，道配乾坤孔孟偕。俯仰塵寰空富貴，莫教窮濫世情乖。

〔註173〕

〈賞梅〉　《雨港古今詩選　今人佳什》頁二二三

花開庾嶺暗香浮，玉潔冰清韻獨悠。安得逋仙偏愛汝，梅妻鶴子結仙儔。

〔註174〕

〈捷運〉（九十年台北市公車詩文得獎作品）

風馳客不驚，座穩覺心輕，高軌連低軌，長程接短程。

能通千里路，可繫萬人情，步輦當年事，今從捷運行。〔註175〕

55、王富美

王富美，民國四十一年生，國立台灣師範大學國研所結業。於民國七十七年左右加入基隆詩學研究會，之後跟隨雨港名詩人周植夫學詩四年多，也師事陳祖舜、邱天來。曾任基隆詩學會理事。

〈嚴子陵〉

七里灘歸隱，嚴光汎釣艭，夷齊清媲美，巢許節追隆；

軒冕心休念，煙波興尚龐，逃名還遁世，東漢史無雙。〔註176〕

〈七夕〉

今宵織女罷金梭，喜共牛郎會漢河；難得一年才一聚，神仙不免也多情。

〔註177〕

〈白河賞蓮〉

白荷菡萏影幢幢，人賞紅蕖俗慮降。豈獨濂溪偏愛汝，我憐並蒂蕊成雙。

〔註178〕

〔註173〕陳兆康、王前：《雨港古今詩選》，（基隆市立文化中心出版，民國八十七年八月），頁223。

〔註174〕陳兆康、王前：《雨港古今詩選》，（基隆市立文化中心出版，民國八十七年八月），頁223。

〔註175〕參台北市政府網頁，台北市公車詩文九十年得獎作品。

〔註176〕陳兆康、王前：《雨港古今詩選》，（基隆市立文化中心出版，民國八十七年八月），頁225。

〔註177〕陳兆康、王前：《雨港古今詩選》，（基隆市立文化中心出版，民國八十七年八月），頁225。

〔註178〕陳兆康、王前：《雨港古今詩選》，（基隆市立文化中心出版，民國八十七年八月），頁225。

56、張美麗

張美麗，基隆市人，生於民國四十一年，公務員。服職本市地政事務所，公餘嘗就詩人陳祖舜學詩，性聰慧，能窺堂奧，詩作清新，為基隆市詩學會會員。

〈鱟江後浪推前浪〉

鱟港詞源萬派揚，鷺鷗契誼煥文章。中流浪壯懷尤壯，大雅詩昌國益昌。
浪捲千秋如虎猛，濤掀終古似龍驤。江河孕育英才出，薪火相傳一脈長。

〔註179〕

〈寒窗夜讀〉

連夜窗前雪正颺，北風凜冽入書房。手披黃卷身依牆，面對青燈目注章。
作賦吟詩增雅興，烹經煮史耐寒霜。儒生獨運凌雲筆，振起斯文氣節昂。

〔註180〕

〈元宵觀燈遊基隆〉

城開不夜鬧基隆，結伴遊行興不窮。萬盞春燈皆燦爛，三更月魄照玲瓏。

〔註181〕

銀花吐艷韶光麗，火樹爭輝彩色融。一例鱟山堪比擬，元宵韻事古今同。

57、邱素月

邱素月，民國四十二年生，宜蘭人，世代務農，孕育出純樸清新的詩作風格，婚後移居基隆。對古典詩文尤有偏愛，民國八十四年六月一日加入基隆詩學研究會，詩承邱天來，研讀古詩，並追隨陳祖舜專研吟唱。曾代表本市參加社會組全台詩詞吟唱，於民國八十六年榮獲全省詩壇比賽第一名、民國八十七年全省吟詩比賽冠軍，為本市爭光，享譽全台騷壇。

〈元宵吟詠賽基隆〉

基津赴會屐留痕，詩友登壇競賽繁。醉詠江山憑繪藻，清吟風月欲銷魂。

〔註179〕陳兆康、王前：《雨港古今詩選》，（基隆市立文化中心出版，民國八十七年八月），頁226。

〔註180〕陳兆康、王前：《雨港古今詩選》，（基隆市立文化中心出版，民國八十七年八月），頁226。

〔註181〕陳兆康、王前：《雨港古今詩選》，（基隆市立文化中心出版，民國八十七年八月），頁226。

唱聲有律爭優等，言志無邪慶上元。喜拔錦標何所比，狄青今夜奪崑崙。

〔註 182〕

〈北海觀濤〉

節前二日待端陽，蕃澳觀濤逸興長。解慍風吹江海岸，滔天浪捲水雲鄉。
龜山隱約浮孤島，鱟港迷濛望一方。我效東坡遊赤壁，瑞濱酷暑有清涼。

〔註 183〕

〈鄉居即事〉

田間小鎮足開懷，景色宜人到處佳；明媚風光收眼底，神怡心曠樂無涯。

〔註 184〕

58、吳玉書

吳玉書，南投人，自幼好繪畫彈箏，曾於中日美與投縣箏賽均拔頭籌。
隨邱天來、陳祖舜學詩及吟詠。

〈春日郊遊〉

春回大地綠陰中，結伴尋幽逸興同。百囀流鶯穿柳巷，一天細雨潤花叢。
莫辭素菜真誠待，卻擾清茶氣味融。況是晴明好時節，歸來不覺月當空。

〔註 185〕

〈觀海〉

穩穩波間一葉舟，天光水色望中收。海濱雲氣浮孤嶼，檻外濤聲撼小樓。

〔註 186〕

〈忘憂谷〉　　《雨港古今詩選　今人佳什》頁二三一

踞高臨下覺風涼，山徑幽崖照夕陽。碧海藍天相對映，忘憂谷訝是仙鄉。

〔註 187〕

〔註 182〕陳兆康、王前：《雨港古今詩選》，（基隆市立文化中心出版，民國八十七年八月），頁 229。

〔註 183〕陳兆康、王前：《雨港古今詩選》，（基隆市立文化中心出版，民國八十七年八月），頁 229。

〔註 184〕陳兆康、王前：《雨港古今詩選》，（基隆市立文化中心出版，民國八十七年八月），頁 229。

〔註 185〕陳兆康、王前：《雨港古今詩選》，（基隆市立文化中心出版，民國八十七年八月），頁 230。

〔註 186〕陳兆康、王前：《雨港古今詩選》，（基隆市立文化中心出版，民國八十七年八月），頁 230。

〔註 187〕陳兆康、王前：《雨港古今詩選》，（基隆市立文化中心出版，民國八十七年八月），頁 230。

59、林春煌

林春煌，字景熙，號啞山、竹覺，宜蘭人，民國四十三年生，移寓基津、從商，性好書詩，受業於周植夫、書法家鄭子謙門下，嘗自謂「茶餘閒談作賦，酒後信筆塗鴉」，現為基隆詩學會理事。

〈竿林仙景〉

濃春訪勝向山行，遍地芳菲翠意橫。琳宇莊嚴揚鱟港，竿林景色冠昆瀛。

天邊雲斂千峰出，海面波澄一鑑生。最愛人間幽絕處，留連直至暮鐘鳴。

〔註188〕

〈陽明山賞花〉

花月尋幽逸興馳，陽明毓秀正芳時。櫻紅夾道迎風曳，蝶影穿縮覺月遲。

野鳥多情遊客喚，亂山無意白雲移。偷閒半日浮生樂，大塊天然是我師。

〔註189〕

60、許美滿

許美滿，基隆市人，民國四十四年生，高專畢，曾任會計、律師助理，現從商，性耽吟詠，拜周植夫、陳祖舜研修詩學多年，現為基隆詩學會候補理事。

〈梅花〉

獨愛花魁晚節堅，香傳庾嶺歲寒天。不隨群卉冬前謝，且向孤山伴大賢。

〔註190〕

〈書法〉

黃庭一帖仰義之，點畫分明啟後知。八法森嚴揮腕底，靜心運筆作箴規。

〔註191〕

〔註188〕陳兆康、王前：《雨港古今詩選》，（基隆市立文化中心出版，民國八十七年八月），頁232。

〔註189〕陳兆康、王前：《雨港古今詩選》，（基隆市立文化中心出版，民國八十七年八月），頁232。

〔註190〕陳兆康、王前：《雨港古今詩選》，（基隆市立文化中心出版，民國八十七年八月），頁235。

〔註191〕陳兆康、王前：《雨港古今詩選》，（基隆市立文化中心出版，民國八十七年八月），頁235。

〈修竹〉

虛心君子德，勁節傲公卿。炎日清陰佈，能教悅性情。〔註192〕

61、鄭世珍

鄭世珍，民國四十四年生，本籍嘉義，早歲遷居基隆，台灣師範大學畢業，任教於基隆百福國中，課餘好耽詩詞並加入基隆詩學會。師事陳祖舜、邱天來專研詩學，頗有心得。

〈文藝季〉

鑼開鱟港讚殷勤，國粹宣揚大雅群。詩詠漢唐無濁韻，緣聯翰墨有清芬。
追源探史交流闊，易俗敦仁教化殷。傳統新詞時並進，海門文藝季風薰。
〔註193〕

〈海門天險懷古〉

海門北峙勢崔嵬，檻外風雲挾浪來。巡撫六韜開鱟港，總兵三捷固蓬萊。
金塘炮響聞聲壯，雉堞煙迷認劫灰。天險只今遺故壘，河山觸目感低迴。
〔註194〕

〈北海觀濤〉

瀾掀鮫室氣蒼茫，海現瀛洲晄四方。龜島東浮頻企首，鯤濤北捲屢吞疆。
熱波出素千山波，浴日搖金萬里張。莫管風雲翻浪險，輕帆盡挽鷺鷗翔。
〔註195〕

62、曾銘輝

曾銘輝，民國四十六年生，現居三重市。大學畢業後，獻身工業，素好詩文、藝事，為人敦厚，久仰基隆詩學會吟聲四溢，特來基就讀，為該會會員。

〔註192〕陳兆康、王前：《雨港古今詩選》，（基隆市立文化中心出版，民國八十七年八月），頁235。
〔註193〕陳兆康、王前：《雨港古今詩選》，（基隆市立文化中心出版，民國八十七年八月），頁236。
〔註194〕陳兆康、王前：《雨港古今詩選》，（基隆市立文化中心出版，民國八十七年八月），頁236。
〔註195〕陳兆康、王前：《雨港古今詩選》，（基隆市立文化中心出版，民國八十七年八月），頁236。

〈時世行〉

盛世繁華罕見時，黑金當道眾驚疑。錢財蔽眼無廉恥，權勢矇心敗禮儀。

人獻諍言猶似夢，自彈高調反成癡。磕牙何礙官商樂，粉黛酣歡爽不疲。

〔註196〕

〈敦睦艦隊〉

萬里壯戎行，威強使敵驚。開疆金鎖鑰，鎮海鐵長城。

紅日添驍勇，輕風動錦旌。武揚新世紀，堪比鄭和榮。〔註197〕

〈樓壁櫥〉

何故居樓上，壁間能自萌。強風吹不倒，猛雨灑難傾。

攀附千般忍，依存一氣爭。但求牆永固，摧折命無生。〔註198〕

63、賴憬諺

賴憬諺，原名東爐，民國四十七年生於員林，大學畢業，少時移居基隆市，服務電力公司，公餘嘗雅好古典詩詞，又擅糊製燈籠，曾開班授徒，並善詞令。

〈基隆詩學會成立七周年有感〉

會創基津紀七年，中華詩學得薪傳。盡輸心血無遺力，不計精神又出錢。

北海騷壇標一幟，南皮雅會萃群賢。斯文喜繼斯庵志，丕振黃魂繫仔肩。

〔註199〕

〈鵬程〉

北溟鯤化翼垂天，奮迅扶搖氣吸川。身遍蟾宮舒抱負，氣吞雷澤任盤旋。

雲程健翮文風起，懋績宏開德業綿。獨羨鶴山家學遠，子孫世代盡高賢。

〔註200〕

〔註196〕陳兆康、王前：《雨港古今詩選》，（基隆市立文化中心出版，民國八十七年八月），頁238。

〔註197〕陳兆康、王前：《雨港古今詩選》，（基隆市立文化中心出版，民國八十七年八月），頁238。

〔註198〕陳兆康、王前：《雨港古今詩選》，（基隆市立文化中心出版，民國八十七年八月），頁239。

〔註199〕陳兆康、王前：《雨港古今詩選》，（基隆市立文化中心出版，民國八十七年八月），頁240。

〔註200〕陳兆康、王前：《雨港古今詩選》，（基隆市立文化中心出版，民國八十七年八月），頁240。

〈鱟江秋熱〉

三伏餘威七月交，鱟江熱浪起潛蛟。海洋氣候多溫暖，老虎知秋猛嗷哮。

〔註201〕

64、王錫麗

王錫麗，基隆七堵人，民國四十八年生，曾受業周植夫、陳祖舜啟蒙詩學，為基隆市詩學會會員。

〈鵬程〉

北溟振翮舞翩翩，鯤化靈禽史久傳。直上九霄探日月，橫飛萬里越山川。
志超鴻鵠雄圖展，盟締風騷雅誼聯。仁德仁兄舒壯志，扶搖騰達鱟江天。

〔註202〕

〈鸞鳳和鳴〉

鸞鳳來儀喜氣呈，塗家歡聽瑞禽鳴。靈音巧合宮商譜，雅調同傳唱和聲。

〔註203〕

〈新春〉

春回大地暖風披，到處芳菲淑氣宜。正是踏青尋韻事，屠蘇共飲醉花時。

〔註204〕

65、陳瓊麗

陳瓊麗，別名景，又署如照，世居基隆暖暖區，生於民國四十九年，性聰悟，曾就書法家周添文習字，繼受業於周植夫學詩，晚近又承蔣孟樑指導書藝，鄭水同指點詩詞創作，迭有佳什問世，現為基隆詩學會會員。

〈百花生日〉

花朝綠野舞東風，祝嘏吟聲過碧穹。蝶戀瓊葩添美景，蜂穿錦萼覓新叢。

〔註201〕陳兆康、王前：《雨港古今詩選》，（基隆市立文化中心出版，民國八十七年八月），頁241。
〔註202〕陳兆康、王前：《雨港古今詩選》，（基隆市立文化中心出版，民國八十七年八月），頁242。
〔註203〕陳兆康、王前：《雨港古今詩選》，（基隆市立文化中心出版，民國八十七年八月），頁242。
〔註204〕陳兆康、王前：《雨港古今詩選》，（基隆市立文化中心出版，民國八十七年八月），頁242。

清如寒露春難駐，秀似靈芝夢已通。願藉芳辰邀舊友，流觴曲水樂無窮。
〔註205〕

〈惜福〉

眼前福報現如梭，珍惜機緣越白窠。自覺雖無詩骨格，閒來喜愛讀東坡。
〔註206〕

〈舞池〉

閃爍燈光美妙歌，心隨節奏舞婆娑。池中現盡人生態，暫拂塵埃細揣摩。
〔註207〕

66、黃鶴仁

黃鶴仁，字壽峰，民國五十年生於彰化埔心，志學之年，頗好藝事，隨基隆書道故理事長鄭添益習書法，並事周植夫習詩，現任基隆詩學會理事。

〈採蓮曲〉

薰風吹皺採蓮池，濯水蓮花嬌弄姿。愁煞舟中採蓮女，含情不忍折蓮枝。
〔註208〕

〈基津秋詠〉

江城十月未飛霜，欲置寒衣天氣涼。一段清愁藏不住，天涯望斷是他鄉。
〔註209〕

〈晚下九份〉

寂寞青山路，晚來多白雲。斜陽若有意，長照送歸人。〔註210〕

〔註205〕陳兆康、王前：《雨港古今詩選》，（基隆市立文化中心出版，民國八十七年八月），頁244。

〔註206〕陳兆康、王前：《雨港古今詩選》，（基隆市立文化中心出版，民國八十七年八月），頁244。

〔註207〕陳兆康、王前：《雨港古今詩選》，（基隆市立文化中心出版，民國八十七年八月），頁244。

〔註208〕陳兆康、王前：《雨港古今詩選》，（基隆市立文化中心出版，民國八十七年八月），頁247。

〔註209〕陳兆康、王前：《雨港古今詩選》，（基隆市立文化中心出版，民國八十七年八月），頁247。

〔註210〕陳兆康、王前：《雨港古今詩選》，（基隆市立文化中心出版，民國八十七年八月），頁247。

二、光復基隆古典詩的特色

　　光復後，大陸來臺詩人與基隆本土詩人相結合，使得基隆詩壇產生另一股新的風貌。雖然光復後基隆詩社的數量沒有日據時期多，但以詩人從事各行各業，印證了光復後詩教的普及，使得詩社影響的範圍更為廣泛。一般說來，詩社的活動仍沿續著日據時期擊鉢吟詩的特色，詩人所作的詩作主要就以擊鉢吟為主。

　　但以詩作創作群來區分，詩作的表現略有不同。以光復後來臺的基隆詩人中，其作品多懷有勉懷家國，思鄉憂國之情。如姜惕生的〈思鄉〉：「遙念家鄉北望頻，每逢佳節倍思親。音書隔絕情難轉，骨肉團圓願未伸。海峽遲棲亡命客，天涯飄泊未歸人。可憐夜夜還鄉夢，仍是蕭條老病身。〔註211〕」詩中就充滿了兩岸未通時，那種思念對岸親人的感觸，將天涯飄泊的感覺寫在詩作中。又如馬希伯的〈臺灣光復五十週年〉：「割土重光五十秋，宵旰胼胝著鴻猷。宏圖基早三台奠，大統功虧兩岸籌。郅治湯盤原侈語，民懷禹鼎曷先憂。庸駑我愧炎黃裔，淚眼山河已白頭。〔註212〕」詩作中則對兩岸分治的現況做出不勝噓唏之感。又如陳文俠的〈大陸撤退感作〉：「黃圖黯澹碎金甌，戰陣將軍幾斷頭。馬曳寒雲歸海嶠，旗翻落日泣神州。關中昔已傳三鑿，河上今還賦二矛。翹首蔣山陵畔草，銅駝荊棘使人愁。〔註213〕」則用道出了撤退來臺的感慨，這些去國懷鄉、思念分隔親人的詩作則是光復後來臺詩人與基隆本土詩人詩作中比較不同的部分。

　　至於光復後基隆詩人共有的特色，可分為三點：

（一）山川園林的描摹

　　傳承了日據時期中歌詠基隆風光的題材。以歌詠基隆一地風景，細膩刻劃出山川風貌為主，這類的詩作，到了光復後非常的盛行，幾乎在集會時多半以此類題材為詩題，更使詩作富有濃厚地方色彩。

〔註211〕陳兆康、王前：《雨港古今詩選》，（基隆市立文化中心出版，民國八十七年八月），頁125。

〔註212〕陳兆康、王前：《雨港古今詩選》，（基隆市立文化中心出版，民國八十七年八月），頁166。

〔註213〕陳兆康、王前：《雨港古今詩選》，（基隆市立文化中心出版，民國八十七年八月），頁171。

（二）國家社會的關懷

國家社會的關懷、新聞時事的關心都是光復後詩人表現的重點，尤其是近年來，詩人常以社會時事為集會時的命題，以《海門擊鉢吟集》第四集為例，其中有「土石流」、「流浪犬」、「地震」等課題，表現出詩人對當前所發生時事的關心。

（三）地方慶典的歌詠

咸豐五年，基隆中元祭開辦，但一直到日據時期，幾乎都沒有所謂關於基隆中元祭的詩作。光復後，歌詠地方慶典「基隆中元祭」或基隆元宵燈會，則開始出現在詩人詩作中積極地滲入地方性色彩的詩人，更結合了藝文及民間的相關活動，藉以把詩推向一個更寬廣的境界。

第七章　結　論

第一節　基隆古典詩歌的流傳及意義

　　基隆地區古典詩歌主要屬於區域傳統文學的研究。《雨港古今詩選》的序言彰顯了基隆地區古典詩歌的現代意義:「詩學源遠流長,對樹立民族自尊心與自豪感,具有激勵鼓勵作用,從中可略見時代社會、民情背景,以最簡潔文字譜成樂章,寓有情趣、理趣、禪趣之含蓄,自古至今,上下五千年,絢爛多彩,豐富瑰奇,其作用:成孝道、厚人倫、美教化、移風俗,透過詩歌之啟示;而窺時代興衰痕跡、人文、經濟之代謝,自有脈絡可尋。〔註1〕」不管是文學史料的提供、傳統文化的保存,基隆地區古典詩歌在不同的時空環境下,都存有著多元的價值意義。如何繼續將傳統文學發揚光大,使文學的薪火相傳,是任重道遠的工作,仰賴著世代的傳承。

　　本論文嘗試對基隆古典詩歌的發展流傳做出探討,並將基隆古典詩歌的流傳發展以清代、日據、光復後三個時期為主要劃分,對當時詩社的文學活動、詩人詩集作出整理及呈現,以窺基隆詩壇之面貌。在上述三個時期裡,基隆古典詩歌皆有不同的發展與表現,但始終肩負著雨港傳統文學、文化的薪傳重任。茲將各時期古典詩的流傳的概況簡述於下:

一、清代基隆古典詩

　　清代由於基隆發展較晚,所存都是游宦羈旅詩人的作品。當時由於方志

〔註 1〕陳兆康、王前:《雨港古今詩選》,(基隆市立文化中心出版,民國八十七年八月),序。

的編寫，出現許多采風作品，如風俗呈現的基隆竹枝詞或方志中所輯錄之八景詩（雞籠積雪）。更有以基隆特殊戰略位置、戰爭之感、基隆特殊產業「礦業」為主題，所謂「時事議題」之詩作。雖然，所存詩作並不多，但藉詩保存了史料，完整清代的基隆開發史，富有社會教育意義；八景詩的傳承，保存了對基隆一地山川風貌的書寫，使原由仕宦階級的書寫，普及至一般民眾。使得日據時期後，詩人集會多詠基隆的名勝古蹟、庭園名林；古典詩的創作成為雅俗共賞、眾人津津樂道的藝文韻事。

二、日據時期基隆古典詩

（一）古典詩社的發展

日據時期，基隆地區至有先後成立過十二個以上的詩社。先後有「小鳴吟社」、「網珊吟社」、「復旦吟社」、「月曜吟社」、「鐘亭」、「晶社」、「華僑鄞江吟社」、「大同吟社」、「同勵吟社」、「曉鐘吟社」、「大武崙詩學會」、「鼗音吟社」等詩社成立。當時基隆地區有著為數可觀的詩社，詩社活動頻繁。因而日據時期可說基隆地區古典詩發展蓬勃的成熟階段。連橫曾說：「三十年來，漢學衰頹，至今已極，使非各吟社為之維持，則已不堪設想。唯各吟社之提倡，注重乎詩，夫詩為文學之一，苟欲作詩，必須讀書，如乘此時而提倡之，使人人皆知讀書之樂，漢學之興可豫卜。〔註2〕」日據時期，基隆地區詩社是傳遞漢文化的重要場所，在日人統治下，仍能保存我國固有文化，的確應歸功於詩社之倡設。基隆地區的傳統文學作品都以古典詩為主，足見詩社的確肩負著基隆一地文教傳承的重責大任。

基隆詩社的文學活動與《詩報》所輯錄的基隆詩作，提供了基隆地區豐富的文學史料，紀錄著當時的風俗文化。詩人遇到婚喪喜慶、臨別送行等事件，都會為賦詩留念，「詩」已經融入日常生活當中，是臺灣文學史上極為特殊的一個現象。日據時期基隆古典詩社，提供了當時基隆地區的文學史料外，紀錄著當時的風俗文化，為當時的文學社會化，社會文學化做出了最好的見證。

（二）個人詩集的刊行

日據詩期基隆詩人對於詩社的活動十分熱絡，都反映在《詩報》中。在詩人個人詩集部分，現今可檢閱到的有《環鏡樓唱和集》、《陋園吟集》、《破

〔註2〕連雅堂：《臺灣詩薈》，（臺灣省文獻委員會，民國八十一年），頁650。

浪吟草》、《壯棄齋吟稿》、《東臺吟草》、《敝帚室集》，除此之外，未曾刊行或已經散佚的亦不在少數，反映出當時受到政治情勢及受第二次世界大戰波及，個人詩文集的刊行及保存不易，使得這些現存詩集更顯珍貴。如同《雨港古今詩選》所云：「個人別集，其事微；集眾人為之，其效大。」不管詩人是紀錄四時的流轉，個人的遭遇，家國的大事，透過詩集的整理與分析，可觀基隆詩的發展的主要共同特色，並提供當時基隆區域的文學史料。

三、光復後至今的基隆古典詩

　　日據時期基隆的古典詩社已發展至顛峰，即使大戰末期受到戰事影響，臺灣光復後詩壇餘韻依然延續著，加上民國三十八年，國民政府播遷來臺，大陸詩人如于右任、賈景德等人，結合了這股力量，使得詩壇激盪出新的火花。光復後的基隆詩社，屢次承辦全國詩人大會與地方詩社的輪值聯吟或與基隆文化中心合辦民眾藝文活動，對藝文的推廣，詩社可說功不可沒。

　　由於有志之士對於詩社詩刊的印行不遺餘力，加上出版印刷業的發達，使得詩刊多半付梓印行，也使得光復至今的基隆詩壇除了承襲日據時代的風貌，更開展出新的格局。《瀛社創立九十週年紀念詩集》曾提到：「近年來社會風氣驟變，崇尚歐美，傾向現實，鄙道德為迂愚，視聲教屬陳腐，只知奢靡，不事正業，遂導致姦淫、殺奪背義乖倫之事，無日無之。先賢張曉峰曰：『詩教為民族之靈魂所寄，復能由情感動。』又曰：『詩可美化人生，淨化社會，當此侈風盛行，廉恥道喪之時，願我詞苑同人，力振騷風，宏揚聲教，化戾氣為祥和，垂詩道於久遠，則國家幸甚。』〔註3〕」為現今詩社移風易俗的價值作了最好的註腳。

第二節　基隆古典詩歌的展望

一、古典詩社的挑戰

　　基隆古典詩社從日據時期起就一直扮演詩歌教育及藝文活動的重要推手，日據時期，基隆地區至有先後成立過十二個以上的詩社；光復後先後有海風吟社、基隆市詩學研究會及雙春吟社的詩社的成立。詩社定期發行聯吟詩刊，

〔註3〕杜萬吉：《瀛社創立九十週年紀念詩集著》，（臺北瀛社，民國八十八年），頁17。

更屢次舉辦全國詩人大會及東北六縣市聯吟等詩人大會，對基隆傳統文學始終肩負著繼往開來的薪傳責任。

古典詩社對傳統文化的深耕自然功不可沒。但環顧現存的基隆詩社，如何栽培後起之秀，繼續發揚詩學，達到永續發展，便成為詩社目前的重要課題。從臺北詩社座談會紀錄〔註4〕及訪問基隆詩學研究會邱天來老師，可以看出詩人對現在詩社所面臨的挑戰及憂心的情形，主要可歸納為幾點：

（一）臺灣傳統詩社的經費普遍不足

民間詩人以個人的力量興辦各種詩社活動，如無政府補助，自行籌措的經費有限，影響社務運作。

（二）適合活動的場地難尋

由於詩社普遍需承辦各種活動，位置適中、交通方便的適合地點難尋。

（三）詩社人才有斷層之虞

目前詩社的詩人普遍邁向中高齡，而詩社耆老凋謝的速度非常快，如何提攜及栽培後進者以達到詩社的傳承。現今來說詩社人才有斷層之虞，為詩社發展的一大隱憂。

（四）大眾媒體的宣傳不足

現在報章雜誌為了達到一定的發行量，必須配合讀者的喜好，因而普遍以現代文學的刊登為主，古典詩的刊登寥寥無幾。

二、古典詩社的因應之道

現今基隆地區的古典詩社因詩空的轉換，陸續面臨許多新的挑戰，這些問題亦是全臺灣古典詩社所需面臨的普遍現象，詩社該如何解決這些問題或是詩社如何轉型，詩人提出許多點的建議，可歸納為幾點：

（一）目前詩社活動多自行籌備經費，但經費來源十分有限，希望能政府能補助活動經費

現在基隆地區詩社籌辦活動，多仰賴社員定期所繳納之社費，遇有重大集會，再由主辦單位另行籌措及與會詩人另行繳納。活動經費的普遍不足，須仰賴政府的大力支持與補助。

〔註4〕見臺北市文獻委員會：〈臺灣詩社座談會紀錄〉，（《臺北文獻》季刊（直字一二二期，民國八十六年十二月），頁2～頁35。

（二）與國民中小學之鄉土語言課程結合，將古典詩詞吟唱深植後下一代

以向下紮根的方式，自國民中小學便鼓勵學生認識古典詩之美，學習古典詩詞吟唱。可利用現今中小學鄉土語言課程，有計畫從事古典詩教學，使學生能對古典詩有基礎的了解。

（三）大學院校之專業課程的結合

大學院校古典詩學的專業課程，使得中文系學生能有基礎詩學的涵養，能把民間詩社與校園詩社、課程作出結合，可以接續詩社的薪傳。

（四）推廣至社區大學

目前基隆古典詩社（基隆市詩學研究會）已與社區大學合作，開設古典詩學的課程，使得一般民眾能有接觸古典詩的機會。

（五）結合傳媒之力量，讓一般民眾能親近古典詩，使古典詩成為普化教育之一環

臺灣傳統詩社的各種活動應該與大眾媒體相結合，使得一般民眾可以知道詩社的活動，並使古典詩成為普化教育的一環。雖然，詩社舉辦盛大藝文活動，電視臺會前來報導，但民眾對詩社的了解仍普遍不足，如果可以製作固定的節目，相信對詩社的推廣，更有幫助。另外，由於近年來網路的蓬勃發展，網路對於古典詩的推展也是一項利器，如果能整合網路資源，勢必能吸引時下更多年輕人參與古典詩的創作。

三、臺灣基隆地區古典詩歌的展望

古典詩的發展，是許多民間詩人及學者所共同關心的議題。而如何讓具有地方特色的古典詩社適應現代社會，則是當前有志之士共同努力的方向。臺灣基隆地區的古典詩歌，保存著豐富的題材及文學史料，其價值及意義更是多元的。基隆古典詩歌的雖然僅是區域文學中的一部份，但可供日後基隆地方志編纂及研究基隆區域文學者參考，以盼點線面的連結，使得基隆文學網絡更為豐富，也期望基隆地區文學史的建構早日完成，並能與全臺文學史接軌。

文學的薪火相傳，需仰賴著世代的傳承，是任重道遠的工作，最好的方式仍是著手於教育的向下扎根，使後起之秀能有所繼承，方能邁向另一個新的里程碑。

參考文獻

（依作者筆劃排列）

一、地方志

1. 王必昌，《重修臺灣縣志》，臺北：臺灣銀行《臺灣文獻叢刊》第113種，民國四十九年二月。

2. 余文儀，《續修臺灣府志》，臺北：臺灣銀行《臺灣文獻叢刊》第121種，民國五十一年四月。

3. 周元文，《重修臺灣府志》，臺北：臺灣銀行《臺灣文獻叢刊》第66種，民國四十九年七月。

4. 周鍾瑄、陳夢林，《諸羅縣志》，臺北：成文出版社，民國七十二年三月。

5. 范咸，《重修臺灣府志》，臺北：臺灣銀行《臺灣文獻叢刊》第105種，民國五十九年十一月。

6. 高拱乾，《臺灣府志》，臺北：臺灣銀行《臺灣文獻叢刊》第65種，民國四十九年二月。

7. 陳文達，《臺灣縣志》，臺北：臺灣銀行《臺灣文獻叢刊》第103種，民國五十年二月。

8. 陳培桂，《淡水廳志》，臺中：臺灣省文獻委員會，民國六十六年二月。

9. 劉良璧，《重修福建臺灣府志》，臺北：臺灣銀行《臺灣文獻叢刊》第74種，民國五十年三月。

10. 蔣詩轍、薛紹元，《臺灣通志》，臺北：臺灣銀行《臺灣文獻叢刊》第130種，民國五十一年五月。

11. 謝金鑾，《續修台灣縣志》，臺北：臺灣銀行《臺灣文獻叢刊》第140種，民國五十年二月。

12. 臺灣省文獻委員會，《重修臺灣省通志　卷十　藝文志　文學篇》，南投：臺灣文獻委員會，民國八十六年十二月。

13. 臺灣省文獻委員會,《臺灣省通志稿 卷六學藝志 文學篇》,臺北:臺灣省文獻委員會,民國四十八年六月。

14. 基隆市文獻委員會,《基隆市志 人物篇》,基隆:基隆市文獻委員會,民國四十七年九月。

15. 基隆市文獻委員會,《基隆市志 民政篇》,基隆:基隆市文獻委員會,民國四十五年八月。

16. 基隆市文獻委員會,《基隆市志 沿革篇》,基隆:基隆市文獻委員會,民國四十五年四月。

17. 基隆市文獻委員會,《基隆市志 教育篇》,基隆:基隆市文獻委員會,民國四十五年十二月。

18. 基隆市文獻委員會,《基隆市志 概述篇》,基隆:基隆市文獻委員會,民國四十三年十月。

19. 基隆市政府 《基隆市志 人物志 列傳篇》,基隆:基隆市立中化中心,民國九十年七月。

20. 基隆市政府,《基隆市志 土地志 地理篇》,基隆:基隆市立中化中心,民國九十年七月。

21. 基隆市政府,《基隆市志 文教志 文化事業篇》,基隆:基隆市立中化中心,民國九十年七月。

22. 基隆市政府,《基隆市志 文教志 藝文篇》,基隆:基隆市立中化中心,民國九十二年四月。

23. 基隆市政府,《基隆市七堵、暖暖區志》,基隆:基隆市政府出版,民國八十四年六月。

24. 基隆市政府,《基隆市中正、中山區志》,基隆:基隆市政府出版,民國八十六年六月。

25. 基隆市政府,《基隆市仁愛、安樂區志》,基隆:基隆市政府出版,民國八十五年九月。

26. 基隆市政府,《基隆市信義區志》,基隆:基隆市政府出版,民國八十六年八月。

二、詩文集

1. 李燦煌,《東臺吟草》,基隆:保粹書房,國立中央圖書館台灣分館收藏,昭和十四年印行。

2. 林文龍,《臺灣詩錄拾遺》,臺北:臺灣省文獻委員會,民國六十八年。

3. 連橫,《臺灣詩乘》,南投:臺灣省文獻委員會,民國八十一年三月。

4. 連橫,《臺灣詩薈》,南投:臺灣省文獻委員會,民國八十一年三月。

5. 陳兆康、王前,《雨港古今詩選》,基隆:基隆市立文化中心出版,民國八十七年八月。

6. 陳其寅,《懷德樓文稿》,基隆:基隆市文化基金會出版,民國八十一年六月。

7. 陳漢光,《臺灣詩錄》,臺北:臺灣省文獻委員會,民國六十年六月。

8. 陳讚珍,《敝帚室集》,基隆:陳泉泰行,民國五十五年一月。

9. 張添進,《破浪吟草》,基隆:基隆市立文化中心,民國九十年十一月初版。

10. 曾子良,《基隆市文學類資源調查成果報告書》,行政院文化建設委員會,民國九十二年十二月。

11. 諸家,《臺灣詩鈔》,南投:臺灣省文獻委員會,民國八十六年六月。

12. 顏雲年,《陋園吟集》,臺北:臺灣日日新報社,大正十三年,國立中央圖書館台灣分館微縮資料。

13. 顏雲年,《環鏡樓唱和集》影本,臺北:臺灣日日新報社,大正九年六月(廖師一瑾收藏)。

三、專著部分

1. 文訊雜誌社,台灣地區區域文學會議實錄,《鄉土與文學》,臺北:文訊出版,民國八十三年三月。

2. 王國璠、邱勝安,《三百年來臺灣作家與作品》,鳳山:臺灣時報社,民國六十六年八月。

3. 江寶釵,《臺灣古典詩面面觀》,臺北:巨流出版社,民國八十八年十二月初版一刷。

4. 江寶釵,《嘉義地區古典文學發展史》,嘉義:嘉義市立文化中心,民國八十七年六月。

5. 李恭蔚,《臺灣史導讀》,高雄:春暉出版,民國八十九年九月。

6. 林正三,《瀛社創立九十週年紀念詩集》,臺北:瀛社,民國八十八年。

7. 吳福助,《臺灣古典文學與文獻》,臺北:文津,民國八十七年五月初版。

8. 吳毓琪,《南社研究》,臺南:臺南市立文化中心出版,民國八十八年六月。

9. 林茂生,《日本統治下臺灣的學校教育——其發展及有關文化之歷史分析與探討》,臺北:新自然主義公司出版,民國八十九年十二月初版。

10. 松浦章著,卞鳳奎譯,《清代臺灣海運發展史》,臺北:博揚文化出版,民國九十一年十月。

11. 封德屏主編,《臺灣文學中的社會:五十年來臺灣文學研討會論文集(一)》,臺北:文訊出版,民國八十五年六月。

12. 唐羽，《基隆顏家發展史》，南投：臺灣文獻館，民國九十二年七月。

13. 許俊雅，《臺灣文學散論》，臺北：文史哲出版，民國八十三年十一月。

14. 許俊雅，《臺灣寫實詩作之抗日精神研究——一八九五～一九四五年之古典詩歌》，臺北：國立編譯館，民國八十六年年四月初版。

15. 翁聖峰，《清代臺灣竹枝詞研究》，臺北：文津出版社，民國八十五年四月。

16. 黃昭堂，《臺灣總督府》，臺北：前衛，民國八十二年十月新修定版二刷。

17. 黃秀政，《臺灣史》，臺北：五南，民國九十一年二月初版一刷。

18. 羅宗濤、張雙英，《臺灣當代文學研究之探討》，臺北：萬卷樓出版，民國八十八年四月。

19. 游勝冠，《臺灣文學本土論的興起與發展》，臺北：前衛出版，民國八十五年七月。

20. 施懿琳，《從沈光文到賴和——台灣文典文學的發展與特色》，高雄：春暉出版社，民國八十九年六月。

21. 施懿琳、許俊雅、楊翠，《臺中縣文學發展史》，臺中：臺中縣立文化中心出版，民國八十四年六月。

22. 施懿琳、楊翠，《彰化縣文學發展史》，彰化：彰化縣立文化中心出版，民國八十六年五月。

23. 陳在正，《臺灣海疆史》，臺北：揚智文化出版，民國九十二年三月。

24. 陳昭瑛，《臺灣詩選注》，臺北：正中書局出版，民國八十五年二月初版。

25. 陳昭瑛，《臺灣文學與本土化運動》，臺北：正中書局出版，民國八十七年四月。

26. 程大學，《臺灣開發史》，臺中：臺灣省政府新聞處，民國六十七年六月初版。

27. 廖師一瑾，《臺灣詩史》，臺北：文史哲出版社，民國八十八年三月初版。

28. 葉石濤，《臺灣文學史綱》，高雄：春暉，民國八十八年十月再版。

29. 葉振輝，《臺灣開發史》，臺北：臺原出版，民國八十四年三月。

30. 葉榮鐘，《日據下臺灣大事年表》，臺中：晨星出版，民國八十九年八月。

31. 葉榮鐘，《日據下臺灣政治社會運動史（下）》，臺中：晨星出版，民國八十九年八月。

32. 劉麗卿，《清代台灣八景與八景詩》，臺北：文津出版，民國九十一年四月。

33. 戴寶村，《近代台灣海運發展：戎克船到長榮巨舶》，臺北：玉山社出版，民國八十九年十二月。

34. 龔顯宗，《臺灣文學家列傳》，臺南：臺南市立文中心化出版，民國八十六年五月。

35. 龔顯宗，《臺灣文學研究》，臺北：五南出版，民國八十七年十二月。

36. 國立中山大學文學院，《海洋與文藝》，國際會議論文集，高雄：國立中山大學文學院出版，民國八十八年九月。

四、學位論文

1. 王文顏，《臺灣詩社之研究》，國立政治大學中文研究所碩士論文，民國六十八年。

2. 王俊勝，《清代臺灣鳳山縣詩歌研究》，文化大學中文研究所碩士論文，民國九十年六月。

3. 李世偉，《日據時代臺灣儒教結社與活動》，文化大學史學研究所博士論文，民國八十年六月。

4. 周慶華，《臺灣光復以來文學理論探究》，文化大學中文研究所博士論文，民國八十四年十二月。

5. 施懿琳，《清代臺灣詩所反映的漢人社會研究》，國立臺灣師範大學國文研究所博士論文，民國八十年五月。

6. 黃美娥，《清代竹塹地區傳統文學研究》，輔仁大學中文研究所博士論文，民國八十八年六月。

7. 陳丹馨，《臺灣光復前重要詩社作家作品研究》，東吳大學中文研所碩士論文，民國八十年五月。

8. 陳佳妏，《清代臺灣記遊文學中的海洋》，國立政治大學中文研究所碩士論文，民國九十年六月。

9. 陳緯華，《雞籠中元祭：儀式、文化與記憶》，國立政治大學民族學系碩士論文，民國八十六年。

10. 張作珍，《北港地區傳統詩社研究》，南華大學文學研究所碩士論文，民國九十年。

11. 張淑玲，《臺灣南投地區傳統詩研究》，文化大學中文研究所碩士論文，民國九十二年五月。

12. 張圍東，《臺灣總督府圖書館之研究》，文化大學史學研究所碩士論文，民國八十二年六月。

13. 張端然，《日治時期瀛社之研究》，文化大學中文研究所碩士論文，民國九十二年十一月。

五、期刊

1. 徐麗霞，〈雞籠積雪〉，中國語文，五二八期，頁101～114，民國九十年六月。

2. 施懿琳，〈臺灣古典詩的蒐集與整理〉文訊月刊，一八八期，頁37～39，民國九十年六月。

3. 翁聖峰,〈臺灣古典詩的研究概況〉文訊月刊,一八八期,頁 40～43,民國九十年六月。

4. 黃美娥,〈日治時期新竹縣的詩社活動〉新竹文獻,創刊號,頁 67～75,民國八十八年十二月。

5. 黃美娥,〈北台灣傳統文學發展概述——清代～日治時代(上)〉,國文天地,十六卷九期,頁 61～68,民國九十年二月。

6. 黃美娥,〈北台灣傳統文學發展概述——清代～日治時代(下)〉,國文天地,十六卷十期,頁 59～67,民國九十年三月。

7. 黃美娥,〈日治時代台灣詩社林立的社會考察〉,《臺灣風物》四十卷三期,頁 43～88,民國八十六年九月。

8. 陳青松,〈基隆「陋園」與台灣詩壇瑰寶《陋園吟集》〉,歷史月刊一七一期,頁 75～77,民國九十一年四月。

9. 陳青松,〈全臺第一次詩人大會及其詩集《環鏡樓唱和集》〉臺北文獻直字第一四三期,民國九十二年三月,頁 139～154。

10. 陳國威,〈臺灣詩社初探〉,壢商學報,二期,頁 1～23,民國八十三年五月。

11. 廖師一瑾,〈清代與日據時期高雄古典詩壇的特色〉,高雄歷史與文化第一輯,頁 19～24,民國八十三年四月。

12. 廖師一瑾,〈臺灣古典詩社、詩刊現況〉,文訊月刊,一八八期,頁 44～46,民國九十年六月。

13. 廖漢臣,〈新舊文學之爭——臺灣文壇一筆流水帳〉,《臺北文物》三卷二～三期,民國五十三年八、十二月。

14. 賴子清,〈臺灣之寫景詩〉,《臺灣文獻》,九卷二期,一九五八年六月。

15. 賴子清,〈臺灣詠史詩〉,《臺灣文獻》,九卷四期,一九五八年十二月。

16. 賴子清,〈古今臺灣詩文社(一)〉,《臺灣文獻》,十卷三期,一九五九年九月。

17. 賴子清,〈古今臺灣詩文社(二)〉,《臺灣文獻》,十一卷三期,一九六〇年九月。

18. 簡錦松,〈一九九四年台灣傳統詩社現況之調查〉文訊月刊,一〇四期,頁 17～21,民國八十三年六月。

五、報紙、雜誌

1. 《臺灣日日新報》,臺北:五南,民國八十三年(國圖臺灣分館微捲收藏)。

2. 《詩報》,基隆:詩報時報社,昭和六年五月～昭和十七年十二月(國圖臺灣分館微捲收藏)。

3. 《風月　風月報　南方　南方詩集》，簡荷生發行，（日）河原功監修，臺北：南天書局，2001 年六月重印。

4. 《三六九小報》，臺南：三六九小報社，臺北成文重印，1930 年～1935 年 9 月。

5. 《臺灣民報》，臺灣雜誌社、臺灣民報社，1923 年 4 月～1930 年 3 月，臺北：東方文化書局複印本。

6. 《中華藝苑》，民國四十四年二月至五十五年四月，臺北：中華藝苑月刊社。

附錄一：日據時期基隆八景詩、八斗子八景詩

作者	出處	詩　作	附　註
許梓桑	《詩報》	**雞籠八景** 雞山驟雨 雞山屹立冠群峰，風雨蕭蕭聚幾重。極目微茫迷鳥道，高低雲樹匝陰濃。 獅嶺匝雲 指顧獅峰曙色分，朝朝嶺上匝浮雲。山容隱約誰能辨，絕巘高岩盡綺紋。 魴頂瀑布 雙龍飛瀑落岩中，入耳泉聲玉韵通。任爾狂風吹不斷，銀河遠瀉上天空。 鱟魚凝煙 雌雄鱟嶼海西東，毓秀鐘靈氣象同。樹色迷朦疑斷雨，憑欄一望碧煙籠。 仙洞聽濤 空留石洞隱仙蹤，髣髴桃園一樣同。海國波濤長擾夢，聲聲入耳聽玲瓏。 社寮曉日 旭日東昇彩鳳鳴，雲霞散漫曉風生。天開曙色朦朧映，水國清光入畫明。 海門澄清 門開八尺本天成，萬古長流一色清。好是晚來霞爛熳，魚穿雲錦漾分明。 杙峰聳翠 萬水星羅繞杙峰，杙峰不與眾山同。孤高千仞凌霄漢，一望蒼茫鎮海東。	

| 李逢時 | 《詩報》 | **基隆八景**

雞山積雨
艋川東望一山尊，鳥路微茫蜃氣昏，不道曉風吹雨過，眾峰羅列盡兒孫。

鱟穴凝煙
欲借秋風擊怒濤，鱟帆齊舉海門高，相依未肯衝波去，只為寒煙著意勞。

三爪聳翠
重疊芙蓉作畫屏，一林春笋立亭亭，留人最是溪邊道，欲去回看半角青。

八尺澄清
千載黃河一旦清，未聞海底見殺明，誰知八尺門前水，錯認滄江賦濁纓。

社寮漁火
無限漁燈風亂搖，雞籠夜夜是元宵，臨流我欲投竿去，一棹輕舟出社寮。

燭嶼夜光
海作膏油天作籠，光芒萬丈扇長風，遙知達旦輝煌處，眩目魚龍一照中。

人堆戰浪
不是長驅草木兵，直疑江上陣初成，嶙峋甲冑秋風起，盡日濤聲作戰聲。

仙洞鳴泉
偶爾離塵入洞天，玲瓏石竅滴靈泉，山深別有煙霞趣，不必飛昇人亦仙。 | 昭和八年二月十五日 |
| 張雨邨 | 《詩報》 | **基隆八斗子八景**

漁港歸帆
江邨日暮上樓中，霞映鳧磯楫染紅。欸乃聲揚衣晚浦，浮沉影動掛晴空。
迢迢剪斷催花雨，葉葉輕拖破浪風。遠帶濤烟驚浴鶩，迴波一舸半推篷。

沙灘夕照
撲面因風拂小仰，江堤緩步覓遊蹤。斜陽倒射迷歸鳥，寒月懸思位暮蛩。
暝漠漁村浮靄薄，潺湲潤水帶煙濃。微紅乍沒沉帆影，傍晚汀洲尚染彤。

鳧浦採藻
柔風弱柳拂篷窗，入耳濤聲似亂哤，戴笠村娃趨磧石，披簑漁父汎春江。
臨涯摘草伸纖手，點水尋螺露玉雙，海味盈筐歸思急，香純觸我憶家邦。 | 昭和十五年五月二十一日 |

		石梯朝陽 雲根階砌浴晴曦，破曉嵐光帶露滋，斷壁層苔青滴瀝，危巔叢數綠參差。 屐痕難覓遊人跡，鳥篆空思海鶴姿，最愛峰腰霞綺煥，迎晨端不讓傾姿。 長潭印月 斜雁橫空背夕暉，攜筇岸畔對秋磯，漁燈隱現江心迴，玉鏡遙懸樹裡微。 水漾蛟宮看練急，光搖兔窟望雲稀，何當西子湖邊去，掬取清輝緩緩歸。 鷺渚聽濤 閒來無事學樵漁，結伴鷗群傍水居，日落銀山人影寂，風吹雪陣浪聲徐。 奔騰幾似錢江急，澎湃疑為鼓嶼餘，夜半當窗吟思苦，依稀松韻引華胥。 嶺上尋芳 翠岫登臨免杖扶，深紅淺綠滿蹊鋪，鶯啼嫩柳催春色，蝶舞閑花艷野蕪。 撲鼻風飄春折帽，沁脾露滴溼輕襦，山行忽憶文公句，適興郊原挈酒壺。 龜礁噴雪 不同沙渚不同堤，指點洲前一望迷，細浪吹來如玉屑，飛花濺處似雲泥。 昂頭有日思朝北，交尾無端每自西，極目歸鴉三兩點，掠磯翻映夕陽低。	
黃昆榮	《詩報》	**基隆八斗子八景** 漁港歸帆 牙檣曳起一天風，海上飄颸捲夕紅，浪撼基門飛宿鳶，煙籠葦岸阻征鴻。 片篷出沒花矸外，幾舸浮沉杙島東，網得珊瑚旋近渚，櫓聲欸乃月明中。 沙灘夕照 雲捲殘陽第一峰，芦洲十里咽莎蛩，嵐光映水光搖翠，樹色連天色暈濃。 燕雀巢林聲噪雜，樵漁分路語雍容，流螢數點飛村舍，月影依稀亂草茸。 鳧浦採澡 波平浪靜盪輕艭，對嶼登時心不愯，潤滑蒼苔粘石磴，密疏網罟囑波江， 涯邊少婦伸纖手，磯畔漁翁弄笛腔，摘罷歸來蘋滿載，一帆風飽抵津江。 石梯朝陽 光浮暘谷影離披，返照峰腰景色奇，謾把陳倉山比擬，儼然棧道路相宜。 懸崖數仞高難越，削壁千尋下顧危，矗立巍巍雲漢上，金輝一片映晨曦。	昭和十五年七月六日

長潭印月

源流活水養鱗肥，一片波光捲翠微，澄澈終宵藏兔魄，清輝萬古照漁磯。
棹舟岸畔雙鳧泛，曳杖橋邊隻雁飛，最愛廣寒沉瀉影，因風漾動素娥衣。

鷺渚聽濤

狂潮聲裡破華胥，澎湃江干震尾閭，雷吼灘頭奔白馬，風吹波面躍鱗魚。
山樓起視三更月，水國遙看一釣漁，浪打津門音不斷，終宵入耳到吾廬。

嶺上尋芳

登攀絕頂俛村隅，風送花香蝶舞途，曳杖邀朋同散策，嬉柑喚友共歡娛。
朝暾色暈丹楓錦，野水清流碧草蕪。到處蘭芬吹一陣，搜將數本插瓶壺。

龜礁噴雪

奇石如黿未可稽，精靈水府逐鯤鯢，捲濤十丈漁舟避，吹玉千堆古岸迷。
散亂銀花飄渭北，翻飛雙羽墜淮西，從茲此地留名勝，一管憑將八景題。

附錄二：日據時期基隆詩人名號對照表
（主要依據《東農擊鉢吟集》前集）

姓 名	字 號	姓 名	字 號	姓 名	字 號
顏雲年	吟龍	張添進	一泓	蔡景福	愚谷
許梓桑	迺蘭	陳庭瑞	嵩堯	李建興	紹唐
李碩卿	石鯨	何雲儒	誥庭	廖宗支	藏芝
王溥	子清	李春霖	鐵雲	劉春亭	椿庭
蔡清揚	子淘	張添壽	鶴年	王水龍	吞雲
李登瀛	白鷗	呂瑞珍	獻圖	陳阿火	道南
呂傳溪	漢生	黃昆榮	繼參	劉福來	鴻萊
黃景岳	種人	何崇嶽	崧甫	吳郁文	煥章

附　圖

圖一：西班牙人最初所繪之基隆港圖

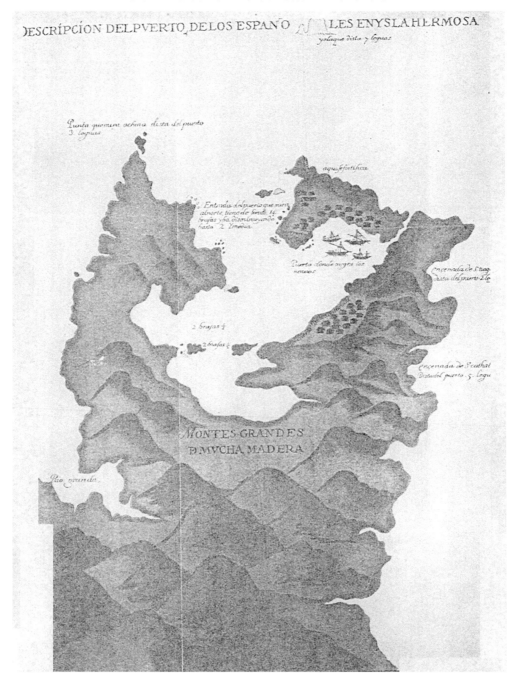

（轉載自《基隆市志 沿革篇》）繪製時間約在西元一六二六年

圖二：荷蘭人所繪之基隆與臺北地圖

（轉載自《基隆市志 沿革篇》）繪製時間約在西元一六五四年

圖三：同治十年淡水廳分圖

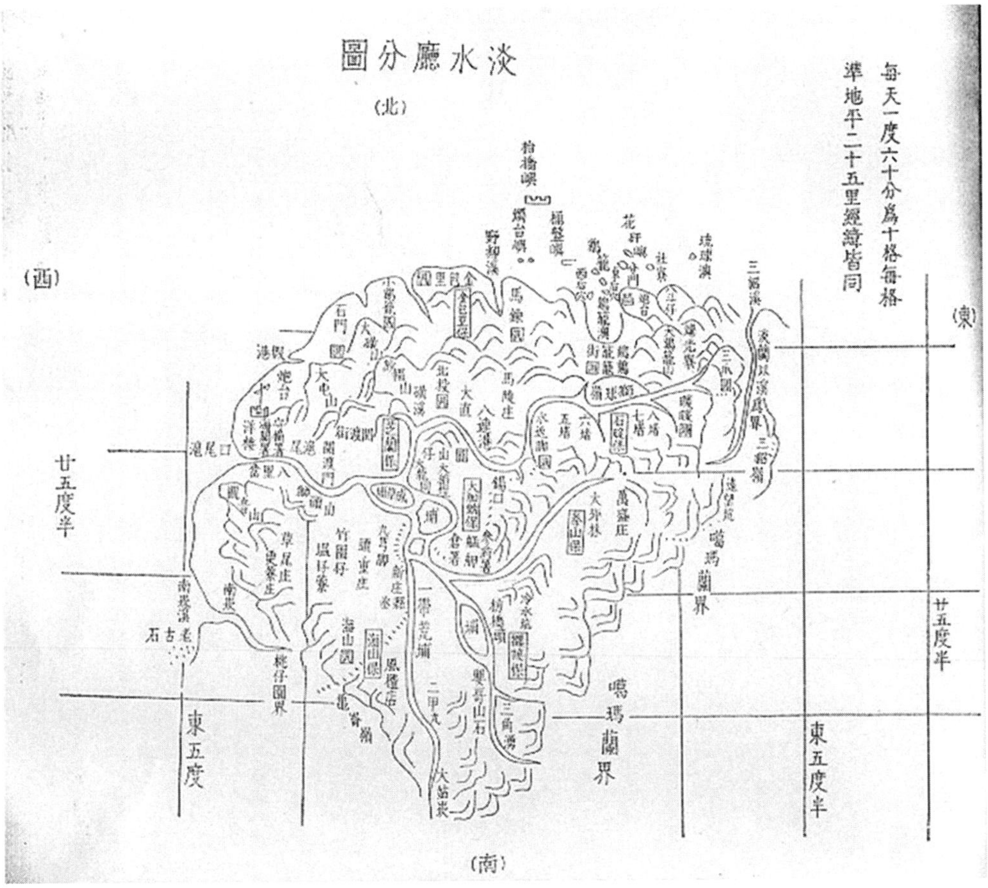

（轉載自《基隆市志 沿革篇》）繪製時間約在西元一八七一年

圖四：法國人所繪之基隆附近全圖

（轉載自《基隆市志 沿革篇》）

此圖的比例尺為 1：40000，繪製時間約在西元一八八五年

圖五：基隆　中法戰爭紀念碑

圖六：基隆　中法戰爭遺址　法國軍人之墓

圖五、圖六　皆轉載自《基隆市志　文物篇》

圖七：西元一八八五年法國人所繪　圖八：西元一九四五年美軍利用日
　　　之基隆港　　　　　　　　　　　　　本的軍事地圖，並經空中攝
　　　　　　　　　　　　　　　　　　　　影所繪之基隆港區

圖七、八皆轉載自《基隆市志 沿革篇》

圖九：中元祭中之引魂幡

圖十：中元祭設於主普壇外的供品

圖十一：中元祭的主普壇

基隆中元祭由咸豐五年（西元一八五五年）開辦，迄今此傳統仍沿襲著，圖九至圖十一皆為現今基隆中元祭的景況。

圖十二：日據時期基隆郡市管轄圖

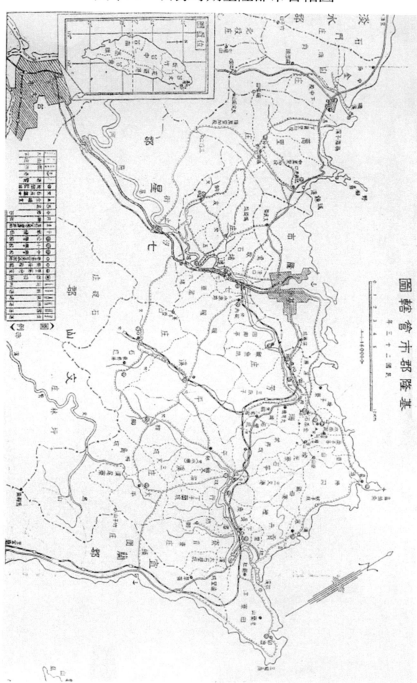

（轉載自《基隆市志　沿革篇》）

圖十三：日據時期的基隆市街

圖十四：日據時期的基隆市街

圖十三、圖十四　皆轉載自《基隆市志 人物志 列傳篇》

圖十五 ：基隆同風會館（為詩社舉行小集的地點之一）

圖十六：基隆的高砂公園（為當時詩人及民眾集會的地點）

圖十五、圖十六 皆轉載自《基隆市志 人物志 列傳篇》

圖十七：基隆詩人 李登瀛 　　圖十八：大同吟社第一任社長許梓桑

圖十九： 基隆詩人黃景岳 　　圖二十： 基隆詩人陳兆齊

皆轉載自《基隆市志 人物篇》

圖二十一：基隆詩人黃景岳的筆跡

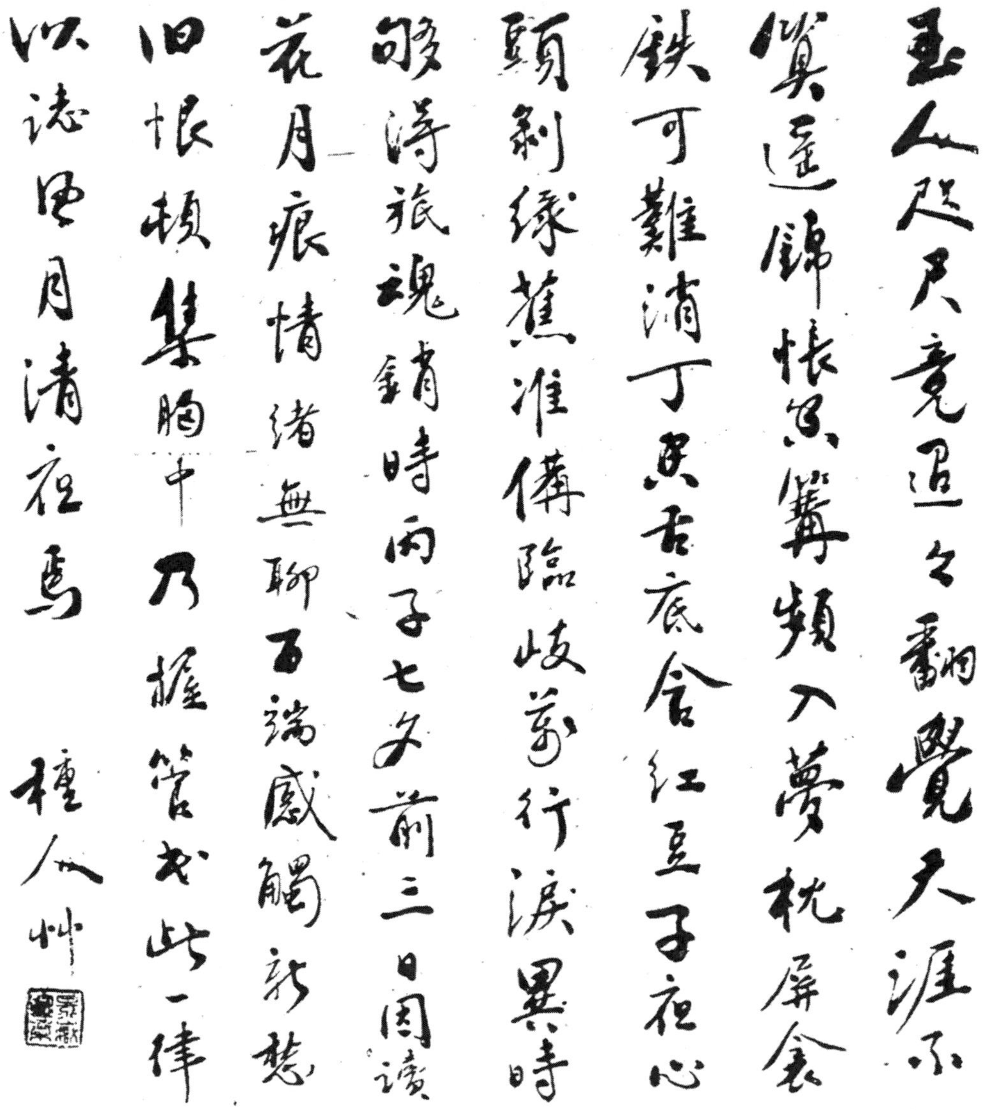

玉人咫尺竟迢迢翻覺天涯不
算遠歸帳篇籌頻入夢枕屏衾
鐵可難清丁卯香底含紅豆子夜心
顛剝緣蕉淮傳臨岐蓋行淚異時
皎潔旅魂銷時兩子七夕前三日同讀
花月痕情緒無聊百端感觸新慈
舊恨頓集胸中乃握管書此一律
以誌甲寅月清在焉　種人州

皆轉載自《基隆市志　人物篇》

書影一：基隆詩人 陳讚珍作品《敝帚室集》

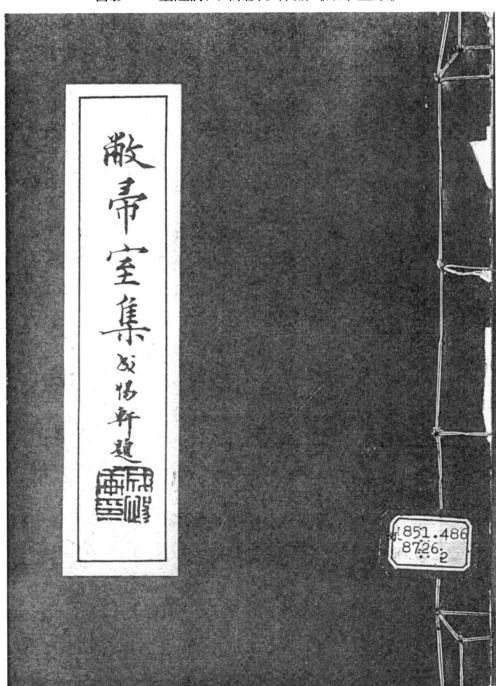

轉載自《敝帚室集》

圖二十二：陳讚珍照片及陳其寅的筆跡

望之儼然即之溫
亦賈亦儒茂德存
其享大年而備邅
福也允矣哉可為
世勸而使薄夫敦
歲在丙午正月奉題
仲璞先生遺像
族弟 其寅

轉載自《敝帚室集》

圖二十三：基隆顏氏家族之合影

圖二十四：顏家之礦區

圖二十五：顏雲年之墨跡

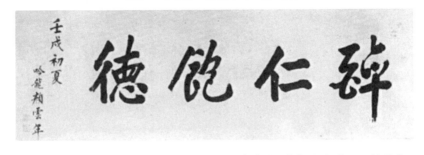

圖二十三、圖二十四、圖二十五　皆轉載自《基隆市志　人物篇》

圖二十六：顏國年之照片　　　圖二十七：顏雲年之照片

圖二十六、圖二十七　皆轉載自《基隆市志 人物篇》

圖二十八：環鏡樓

（影像來源：微捲《環鏡樓唱和集》，國家圖書館台灣分館收藏）

圖二十九：陌園全景

（影像來源：微捲《陌園吟集》，國家圖書館台灣分館收藏）

圖三十：詩人 張添進之照片　　　　圖三十一：張添進之筆跡

（影像來源：《破浪吟草》）

書影二：詩報

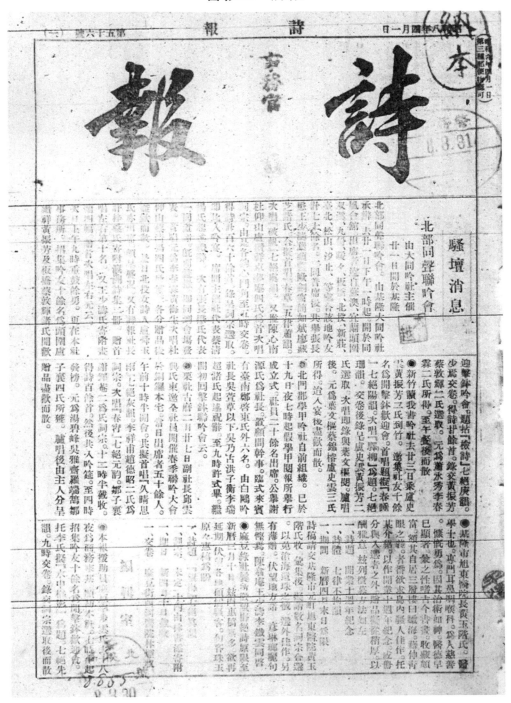

（影像來源：微捲《詩報》，國家圖書館台灣分館收藏）

書影三：詩報

昭和九年一月一日 (十四)　詩　報　第七十三號

大同吟社　擊鉢錄

歡迎王少濤氏書畫展覽會

右詞宗王少濤先生選

（影像來源：微捲《詩報》，國家圖書館台灣分館收藏）

書影四：環鏡樓唱和集

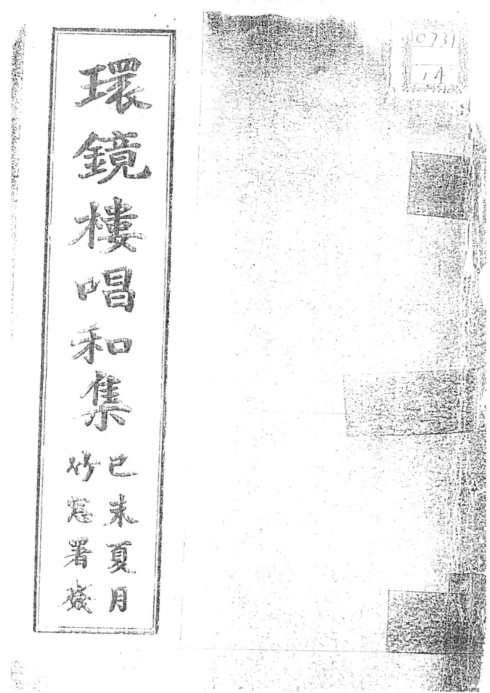

（影像來源：《環鏡樓唱和集》，國家圖書館台灣分館微卷收藏）

書影四：陋園吟集

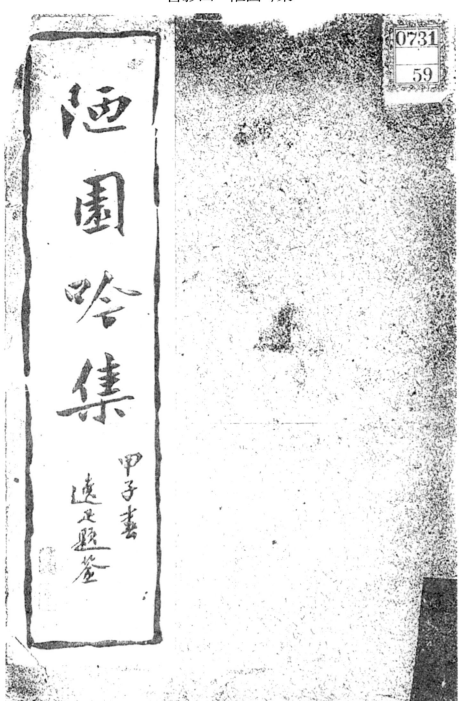

（影像來源：《陋園吟集》，國家圖書館台灣分館微卷收藏）

圖三十二：復旦吟社小集的照片

轉載自《雨港古今詩選》

光復後基隆詩社的活動

大同吟社的活動

圖三十四：詩人觀看首唱評選結果　圖三十五：首唱（課題）評選結果
　　　　　　　　　　　　　　　　　　　　　　　　公佈

圖三十六：大同吟社第　圖三十七：瑞芳詩學研究會例會情形（站立者
　三任社長陳德潛先生　　　　　　為楊阿本老師）

圖三十三：基隆詩學研究會成立照片

詩社例會之流程（以基隆詩學研究會為例）

圖三十八：設於會場次唱之詩筒

圖三十九：詩人將次唱時所作之詩投入詩筒中

圖四十：彌封、謄寫

圖四十一：清點、校對　　　　　　　圖四十二：頒獎

基隆詩學研究會之聯吟活動

圖四十三：民國八十八年舉辦之東北六縣市聯吟大會

（鱟港秋之吟全國詩人聯吟大會）

圖四十四：秋之吟活動現場

圖四十五：現場全國詩人雲集